독자의 1초를 아껴주는 정성!

세상이 아무리 바쁘게 돌아가더라도
책까지 아무렇게나 빨리 만들 수는 없습니다.
인스턴트 식품 같은 책보다는
오래 익힌 술이나 장맛이 밴 책을 만들고 싶습니다.

땀 흘리며 일하는 당신을 위해
한 권 한 권 마음을 다해 만들겠습니다.
마지막 페이지에서 만날 새로운 당신을 위해
더 나은 길을 준비하겠습니다.

독자의 1초를 아껴주는
정성을 만나보십시오.

미리 책을 읽고 따라해 본 베타테스터 여러분과
무따기 체험단, 길벗스쿨 엄마 기획단,
시나공 평가단, 토익 배틀, 대학생 기자단까지!

믿을 수 있는 책을 함께 만들어주신 독자 여러분께 감사드립니다.

(주)도서출판 길벗 www.gilbut.co.kr
길벗이지톡 www.eztok.co.kr
길벗스쿨 www.gilbutschool.co.kr

위기를 기회로 바꾸는

부의공식

위기를 기회로 바꾸는 부의 공식

초판 발행 · 2020년 5월 27일
초판 2쇄 발행 · 2020년 6월 15일

지은이 · 이지윤
발행인 · 이종원
발행처 · (주)도서출판 길벗
출판사 등록일 · 1990년 12월 24일
주소 · 서울시 마포구 월드컵로 10길 56(서교동)
대표전화 · 02)332-0931 | **팩스** · 02)322-0586
홈페이지 · www.gilbut.co.kr | **이메일** · gilbut@gilbut.co.kr

기획 및 책임편집 · 최한솔(sol@gilbut.co.kr) | **영업마케팅** · 최명주, 전예진
웹마케팅 · 이정, 김진영 | **제작** · 손일순 | **영업관리** · 김명자 | **독자지원** · 송혜란, 홍혜진

편집진행 및 교정교열 · 김동화 | **디자인** · 유어텍스트 | **전산편집** · 예다움 | **표지사진** · 타임온미
CTP 출력 및 인쇄 · 북토리 | **제본** · 신정제본

ISBN 979-11-6521-149-3 13320
(길벗도서번호 070418)

정가 17,000원

독자의 1초까지 아껴주는 정성 길벗출판사

길벗 IT실용서, IT/일반 수험서, IT전문서, 경제실용서, 취미실용서, 건강실용서, 자녀교육서
더퀘스트 인문교양서, 비즈니스서
길벗이지톡 어학단행본, 어학수험서
길벗스쿨 국어학습서, 수학학습서, 유아학습서, 어학학습서, 어린이교양서, 교과서

페이스북 · https://www.facebook.com/gilbutzigy
네이버포스트 · https://post.naver.com/gilbutzigy

당신을
부자로 만드는
투자법은
따로 있다

· 위기를 기회로 바꾸는 ·

부의 공식

이지윤 지음

길벗

다가올 경제 위기,
부자가 될 기회를 놓치지 말자!

오랜 기간에 거쳐 집필한 저서가 드디어 출간되다니 참으로 감개무량하다. 처음 집필한 저서《나는 소액으로 임대사업해 아파트 55채를 샀다》와 달리 이번 저서에서는 자산 증식의 가장 중요한 수단인 부동산과 금융에 대해 다루었다. 절대 가볍지 않은 두 가지 주제를 독자들의 눈높이에 맞게 설명하고 이해를 돕기 위해 지난 여름부터 고군분투했고, 시시각각 변화하는 경제 상황을 담기 위해 수정 작업에도 많은 시간을 할애했다.

점점 커져가는 양극화, 해답을 찾아야 한다

우리나라뿐 아니라 전 세계가 양극화로 인해 몸살을 앓고 있다. 상위층과 하위층의 소득 분배 차이는 점점 커져가고, 낙오된 사람들은 쉽게 위를 쳐다보지 못하고 있는 실정이다. 이러한 상황이 발생한 이유가 특별한 사람들에게만 재능과 능력이 집중되었기 때문일까? 우리나라 국민의 80%가 대졸자이고, 근로자의 성과를 측정하는 기업의 도구는 더욱 시스템화되었다. 근로 시간 또한 세계 최대 수준이다. 그런데 왜 우리나라의 양극화를 나타내는 지표는 점점 커져가고, 날이 갈수록 부자가 되는 것이 힘들어지는 걸까? 단순히 운이 없기 때문일까?

부자의 운, 스스로 만들 수 있다

행운을 부르는 원천은 행운이 올 때까지 끊임없이 도전하는 것이다. 천편일률적이다 못해 지나치게 상식적인 말이지만 이것이 진리다. 실패하더라도 겸허히 받아들이고 긍정적인 자세로 다시 도전해야 한다.

1986년에 우주왕복선 챌린저호가 발사된 이후 73초 만에 폭발한 것은 심각한 결함이 아닌 연료 누수를 막는 단순한 부품 때문이었다. 만약 이때 폭발 원인을 알아보지 않고 포기해버렸다면 오늘날의 우주 산업은 존재하지 않았을 것이다. 지금까지 우리가 실패한 이유가 사소한 연유 때문이었을 수도 있다. 사소한 연유로 놓친 자신의 행운을 반드시 되찾아야 한다.

위기가 곧 기회다

필자는 스스로 운이 좋은 사람이라고 생각하지만 살아온 인생을 돌아보면 그리 녹록하지만은 않았다. 그럼에도 자본주의의 속성을 공부하며 자산을 쌓기 위해 노력했고, 부동산과 금융에 대해 공부하며 경제 흐름을 읽을 수 있는 능력을 쌓았다. 그렇게 얻은 지식을 독자들과 나누기 위해 가다듬고 또 가다듬어 본 저서에 담았다.

지금의 경제 상황은 참으로 암울하다. 하지만 그럼에도 희망은 있다. 필자는 경험과 이론을 통해 위기는 곧 기회라는 사실을 터득했다. 많은 독자가 위기 상황일수록 리턴이 많아지는 것을 상기하고 지금의 경제 상황을 부자가 될 기회로 삼기를, 자산을 증식해 경제적인 자유와 시간의 자유가 있는 노후를 준비하기를 진심으로 바란다. 아름다운 노후는 위대한 작품이다. 독자들이 위대한 작품을 만드는 데 본 저서가 도움이 되길 희망한다.

마지막으로 영혼을 담아 집필한 나의 두 번째 작품을 내 존재의 이유인 두 아이와 사랑하는 부모님, 동생들, 귀여운 조카 현준, 현성에게 바치고 싶다.

이지윤

목
차

저자의 말 다가올 경제 위기, 부자가 될 기회를 놓치지 말자!　　　　···**004**

1부 | 부자의 태도
위기는 준비하는 자에게 기회가 된다

01　위기에 강한 투자법은 따로 있다!　　　　　　　　　　　　　... 015
　　　달러와 부동산으로 자산 4배 늘리기

02　고장 난 대한민국 경제 시스템!　　　　　　　　　　　　　　... 022
　　　지표로 살펴보는 경제위기

03　경제보다 심각한 가계부채, 부동산은 불패인가　　　　　　　... 030

04　톱니바퀴 세계 경제, 타국의 위기는 곧 우리의 위기다　　　... 034

05　부자는 위기를 바라보는 올바른 눈을 가지고 있다　　　　　... 042

06 위기는 부자가 될 기회를 만든다 ... 045

07 달러는 불황에 강하다 ... 051

08 대한민국 역사로 배우는 부자 공식 ... 056

2부 | 부자의 마인드

부자가 되는 뇌 구조를 만들어라

09 결핍이 곧 부자를 만든다 ... 063

10 부자가 되는 관점으로 자신을 디자인하라 ... 068

11 돈에 대한 지식은 절대 권력이다 ... 074

12 부자는 절대 '이것'을 하지 않는다 ... 079

13 재테크만큼 중요한 우(友)테크 ... 084

14 하나를 보면 열을 안다, 신뢰는 곧 돈이다 ... 089

15 당신의 가난은 당신 탓이 아니다 ... 095

3부 | 부자의 금융
불황에 강한 해외 금융 투자

16 불황에는 미국에서 답을 찾아라 ... 105

17 석유를 지배하는 자가 세계를 지배한다 ... 113

18 100년 안에 초강대국 미국을 이길 자는 없다 ... 120

19 경제 행위의 중심이 되는 기축통화 ... 126

20 기축통화가 바뀌면 전 세계에 어떤 일이 벌어질까 ... 131

21 위안화가 기축통화가 된다고? ... 138

22 달러는 절대 투자자를 배신하지 않는다 ... 145

23 적자생존의 시대, 달러는 적자(適者)다 ... 150

24 햄버거값만 알아도 환율이 보인다 ... 154

25 |실전투자| 누구나 쉽게 할 수 있는 달러 예·적금 ... 159

26 |실전투자| 나라의 정책을 바꾼 달러 상품 RP와 MMF ... 164

27 |실전투자| 이제는 세테크다!
        비과세가 매력적인 달러연금과 저축보험 ... 168

28 |실전투자| 미국 개별 주식, 어디에 투자해야 할까 ... 175

29 |실전투자| 수수료가 아깝다면 ETF, 초과 수익은 ELS ... 182

30 　글로벌 시장 100년 역사를 통해 바라본 금융 투자 인사이트 　　... 188

31 　미래의 통일 한국, 짐 로저스가 전 재산을 투자하겠다고 한 것은? 　... 194

4부 | 부자의 부동산
부동산으로 부의 추월차선 달리기

32 　코로나발 금융위기를 통해 본 국내 부동산의 현주소 　　　... 203

33 　초도심이 세계를 장악할 것이다 　　　　... 210

34 　부동산 양극화 시대에도 살아남을 서울 부동산은 어디일까 　... 217

35 　|실전투자| 엑셀을 몰라도 할 수 있는 통계 분석 　　　... 231

36 　|실전투자| 인구 이동을 통해 부동산 흐름 파악하기 　　... 239

37 　|실전투자| 초보자도 할 수 있는 입지 분석 레시피 　　... 246

38 　|실전투자| 저렴한 지역이 아닌 저평가 지역에 투자하라 　... 256

39 　|실전투자| 스스로 한국은행이 될 수 있는 부동산 경매에 도전하라 　... 265

40 　|실전투자| 부동산 정책의 핵심은 신도시다! 1기 신도시 투자 전략 　... 274

41 　|실전투자| 서울 집값 폭등을 막기 위해 시작된 　　　... 280
　　　　2기 신도시 투자 전략

42 | 실전투자 | 악재와 호재가 공존하는 3기 신도시 투자 전략 ... 288

43 부동산 정책을 거꾸로 보면 투자의 정답이 보인다 ... 302

5부 | 부자의 통찰

부자가 세상을 읽는 방법

44 정부보다 빨리 알아채는 부동산 경기 사이클 ... 317

45 각 나라 구매 담당자는 경기를 예측하는 점쟁이 ... 324

46 장기채권보다 단기채권의 금리가 높아지면 ... 333
어떤 일이 벌어질까

47 장단기금리차 역전이 가져온 위기들 ... 338

1부

부자의 태도

위기는
준비하는 자에게
기회가 된다

위기에 강한 투자법은 따로 있다!
달러와 부동산으로 자산 4배 늘리기

우리는 자본주의 체제하에 살고 있다

필자는 강의 때마다 수강생들에게 자본주의가 무엇이냐고 묻지만 정확하게 대답하는 사람은 거의 없다. 자본주의 경제 체제는 16세기 무렵부터 싹트기 시작했다. 자본주의라는 개념을 명확하게 정의하기는 어렵지만 '이윤 추구를 목적으로 하는 자본이 지배하는 경제 체제'라는 주장이 가장 적합한 개념인 듯하다.

자본주의와 반대되는 체제는 사회주의다. 사회주의는 개인의 의사와 자유를 보장하지 않고 사회 전체의 이익을 중히 여기는 이

데올로기다. 따라서 개인의 자유는 제한될 수 있다. 하지만 사회주의는 이윤을 추구하려는 인간의 본질을 간파하지 못했고, 결국 몰락의 길을 걸었다.

자산 증식의 지름길! 부동산 투자와 금융 투자

자본주의에서 가장 중요한 것은 자산 증식이며, 현대인이 가장 빠르게 자산 증식을 할 수 있는 방법은 부동산 투자와 금융 투자다. 이를 제외한 대부분의 투자는 부수적인 것들일 뿐이다.

필자의 두 번째 결과물인 이 책은 자산 증식에 있어 가장 중요한 부동산 투자와 금융 투자를 거시적이지만 때로는 미시적으로 다루었다. 이 책을 읽는 독자들에게 언제든 세계적인 경제위기가 올 수 있음을 환기시키고, 부동산 투자를 옥죄는 국가 정책에서 끝까지 살아남을 수 있는 투자 방향을 제시하려 한다.

부동산과 금융을 모두 다뤄야 하는 것이 집필을 하는 데 큰 부담이었다. 하지만 독자들에게 꼭 필요한 정보들만 함축하고 사족(蛇足)을 없앴기에 가능했다. 또한 부동산과 금융, 특히 달러를 적절히 배분하면 어떤 파급력이 있는지 이 책 곳곳에 기술했다. 필자는 이 책에 큰 자부심을 가지고 있다. 독자들에게 이 한 권의 책이 부자가 되는 지름길을 알려주는 초석이 되길 바란다.

올인은 금지! 왜 금융 투자를 병행해야 할까

지금부터 본론으로 들어가자. 자본주의를 이해하고 아는 것은 곧 자본소득에 대한 이해라고 할 수 있다. 여기서 소득은 근로소득, 사업소득, 재산소득, 이전소득, 임시소득 등 다양하게 분류되지만 필자는 큰 맥락으로 근로소득과 자본소득으로 분류했다. 근로소득은 정신적·육체적 노동력을 제공한 것에 대한 대가이고, 자본소득은 재산 소유자가 그 재산을 이용해 얻는 이익이다. 이자, 지료, 임대료 등이 이에 해당한다. 부자는 근로소득을 이용해 자본에 투자하고 그 자본에서 나오는 소득으로 생활이 가능한 사람이다.

필자는 15년간의 투자 이력이 있다. 2005년부터 투자를 시작했는데, 종잣돈을 마련하기 위해 8년간 지독하게 돈을 모았다. 당시 우연히 부동산 컨설턴트 우형달의 《나는 부동산 경매로 17억 벌었다》를 읽은 뒤 경매 공부를 시작했다. 2차, 3차로 유찰된 빌라를 싸게 낙찰 받아 종잣돈을 불렸고 이후 상가, 지하상가, 시행 사업, 소형 아파트 투자를 통해 자산을 불려나갔다. 그런데 전작에서 부동산을 주로 다루었던 필자가 이번 책에서 금융 투자에 대해 말하는 이유는 무엇일까?

부동산은 인플레이션을 먹고 자라지만 내부적인 요인보다 외부적인 영향으로 하락할 수 있다. 1997년 IMF 외환위기 때는 물론,

2007년 글로벌 금융위기 때도 부동산은 큰 폭으로 하락했다. 금융위기 때 오른 것은 달러뿐이었다. 부동산을 통해 자본소득을 만드는 것도 중요하지만 부동산 하방 리스크를 헷지(hedge)하고, 즉 부동산의 투자 위험성을 예방하고, 수익을 배가시키는 수단은 달러인 것이다.

위기를 지렛대 삼아 부를 늘리는 부동산 투자와 달러 투자

실타래처럼 얽혀 있는 세계 경제 메커니즘을 통해 많은 전문가가 4~5년 주기로 금융위기가 올 것이라고 예견하고 있다.

달러에 10억 원을 투자했다고 가정하자. 그런데 투자한 달러가 과거 IMF와 같은 금융위기를 겪고 가치가 상승해 15억 원이 되었다. 그럼 15억 원을 찾아 그중 5억 원을 50% 이상 떨어진 국내 부동산을 매입하는 데 사용한다. 앉은 자리에서 달러로 5억 원을 벌고, 그 돈으로 원래 10억 원이던 부동산을 5억 원에 매입한 것이다.

경기가 회복되면 이후 부동산은 다시 10억 원이 된다. 원래 있던 10억 원은 원화로 보관하고 있다가 경제위기가 지나가고 달러가 안정권에 접어들면 달러를 10억 원어치 매입한다. 국내 부동산을 사고도 내 원금은 그대로 보존된다.

이후 내 돈 10억 원이 글로벌 금융위기로 인해 20억 원이 되었다고 가정해보자. 이번에는 20억 원을 찾아 20억 원이던 국내 부동산을 10억 원에 매입한다. 경기가 회복되면 그 부동산은 다시 20억 원이 된다. 내 돈 10억 원은 그대로 있는데, 금융위기로 인해 앉은 자리에서 20억 원을 버는 것이다.

이렇게 두 차례의 금융위기로 내 재산 10억 원은 40억 원이 된다. 그리고 20억 원짜리 건물에서 매년 나오는 수익은 4%, 보수적으로 잡아도 연 8천만 원이다. 달러로 그대로 보유하고 있는 원금 10억 원은 금융위기에 한 번씩 자본소득을 가져다준다. 이런 투자를 하지 않을 이유가 있을까? 너무나 간단한 이 공식을 아는 소수의 사람은 위기를 지렛대로 삼아 부자가 되었다. 투자자들이 부동산에 울고 웃을 때 부자들은 경기가 안정되면 달러를 매입하고 달러가 오르면 달러를 팔면서 부를 축적했다. 부동산 투자와 달러 투자는 순식간에 내 자산 10억 원을 40억 원으로, 즉 4배로 불릴 수 있는 유일한 무기다. 이것이 부동산과 달러 병행 투자의 핵심이다.

자본소득으로 부를 만들어내는 사람이 바로 부자다

이 글을 읽고 의심에 의심을 하는 독자는 그냥 투자를 하지 않는 것이 좋다. 논리적인 사고로 동전의 양면을 볼 줄 아는 유연함을 가져야 하는데, 지나치게 생각이 많은 사람은 투자 세계에서 성공을 거두기 힘들다. 그러나 돌다리도 건너기 전에 두드려보아야 한다. 달러가 돌다리라는 근거는 이 책 곳곳에 기술했다. 달러가 돌다리임을 확인했다면 그다음에 필요한 것은 실행이다. 전광석화처럼 움직여야 한다.

금융위기가 아니어도 달러 가치는 장기적으로 상승한다. 쥐꼬리만 한 이자를 주는 은행 예금보다 낫다. 아래 표를 보면 1996년 환율은 759원이고, 2020년 2월 환율은 1,191원으로 56.9%가 올랐다. 달러는 물가상승률을 헷지하는 유일한 화폐다.

■ 원 달러 환율 추이표

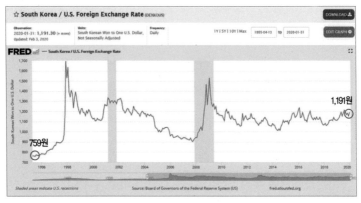

출처: FRED

앞서 부자는 자본소득으로 생활이 가능한 사람이라 이야기했다. 부동산에서 임대소득이 나오는 동시에 달러에서 자본소득이 나온다면 노후가 행복할 것이다. 나의 전 재산이 1억 원 또는 5천만 원이라 해도 실망하지 마라. 적은 돈으로도 충분히 투자가 가능하고, 1억 원을 달러에 예치하고 5천만 원이 오르면 그 돈으로 전세를 끼고 아파트를 매입할 수 있다. 경매를 통해 더 저렴하게 매입하면 금상첨화다. 부동산과 달러는 내가 죽을 때까지 일하지 않아도 자본소득을 만들어주는 유일한 무기다.

경제 흐름을 공부하고 부동산과 달러에 병행 투자한다면 그 두 가지 자본은 또 다른 자본소득을 만들어줄 것이다. 장기적으로 부동산과 달러는 자본 자체의 가치도 동반 상승한다는 것이 가장 중요한 포인트다. 이 점을 반드시 기억하자. 연금이나 은행 예금으로 들어놓은 내 노후 자금은 숨겨놓은 곶감을 빼먹는 격이지만 부동산과 달러는 다르다는 것을 재차 강조한다.

100세 시대, 자본소득은 필수다

1979년부터 1992년 사이에 태어난 20~30대 에코세대들은 100세를 넘어 훨씬 오래 살 것이다. 준비되지 않은 노후는 재앙이다. 소득 없이 오래 사는 것은 지옥이다. 일할 수 있는 건강함이 있고, 근로소득이 있을 때 자본에 투자하고 자본소득을 만들어라. 가장 좋은 수단은 부동산 투자와 금융 투자를 병행하는 것이다.

고장 난 대한민국 경제 시스템!
지표로 살펴보는 경제위기 시그널

    대한민국에서 투자의 성패는 위기와 호황을 파악하는 눈을 기르는 것에 달려 있다. 필자는 이 책을 통해 독자들에게 거시적인 경제 흐름을 읽는 방법을 소개하고, 이를 통해 부를 축적하는 방법을 알려주려 한다. 누군가는 호황기에 돈을 벌지만, 누군가는 불황기에도 돈을 번다. 호황기에 돈을 버는 것은 쉽지만, 불황기에 돈을 버는 것은 어렵다고 생각했을 것이다. 그러나 이 책을 정독한다면 불황기에도 돈을 버는 것이 그리 어렵지 않음을 알 수 있다. 그렇다면 불황기는 어떻게 파악할 수 있을까? 우리나라 경제는 지금 불황기로 가고 있는 중일까?

    ——위기를 기회로 바꾸는 부의 공식

코스피 2,000선 붕괴는 위기의 시그널?

2019년 8월 무너지지 않을 것만 같던 코스피 2,000선이 무너졌다. 2020년에 소폭 상승하는 모습을 보였지만 2020년 2월 28일 다시 2,000선이 무너졌다. 이는 대한민국의 주가지수가 언제라도 2,000선이 붕괴될 수 있다는 경고의 메시지를 담고 있다.

코스피는 우리나라 유가증권 시장의 대표 주자로, 상장 조건이 매우 까다롭다. 삼성, LG 등 우리나라 국민이라면 모두 알 만한 대기업이나 중견기업, 일정 규모 이상의 기업들이 주로 상장되어 있다. 국내 경제를 대표하는 가장 중요한 지표인 코스피가 무너지기 시작한 것이다. 코스피는 2019년 8월 종가 기준, 2016년 2월 29일 이후 3년 5개월 만에 최저치를 기록했다. 장중에 1,900선이 무너진 것도 2016년 6월 24일 이후 3여 년 만이었다. 설상가상 코로나 발 금융위기로 인해 2020년 3월 말 1,500선이 무너졌다. 이후 개미들이 떨어진 주식을 사들이는, 소위 말하는 동학운동으로 인해 어느 정도 회복했지만 2020년 4월 말 현재도 1,900선을 기록 중이다. 코스피가 순식간에 1,500선 이하로 떨어진 이 사건은 국민들에게 큰 공포감을 주었다.

경기 하강의 전조, 실업률

가장 쉽지만 가장 정확한 지표인 실업률을 살펴보자. 일반적으로 실업률이 떨어진다는 것은 경기 하강의 전조증상으로 받아들여진다. 통계청은 2019년 7월 10일에 고용 동향을 발표했는데, 2019년 6월 실업자 수가 1년 전보다 10만 3천 명 증가한 113만 7천 명으로 나타났다. 1999년 6월(148만 9천 명) 이래 최고치다. 실업률은 4%로, IMF 이후 최고 수준이다. 더 심각한 것은 국제통화기금 IMF가 한국의 실업률은 비정규직 등이 반영되지 않아 실제보다 낮게 책정됐다고 지적한 점이다. 잠재적인 구직자 등을 고려해 통계청이 발표하는 확장실업률은 기존의 3~4배 수준인 12%대인데, IMF는 이 부분마저도 실질적인 생산성의 격차를 고려하고 지표를 다양화하면 더 높아질 것이라 추측하고 있다.

한국의 실업률이 이처럼 높아지고 있는 것은 중차대한 문제다. 실업률이 올라가면 국내 소비시장은 직격탄을 맞게 된다. 코스피도 무너졌는데 국내 경제는 당분간 상승 모멘텀이 없다. 내수시장까지 무너지면 우리나라에도 일본과 같은 잃어버린 20년이 찾아올 수 있다.

한국경제연구원의 〈2020년 한국 경제 수정 전망〉 보고서에 따르면 경제 성장률은 올해 상반기는 0.9%, 하반기 1.4%가 예측되었다. 2020년 전체로 본다면 0.3%의 불과한 수치다. 이는 글로벌 금융위기 이후 가장 낮은 전망치이다.

한국의 성장 동력인 제조업 가동률은 72%로, IMF 이후 최저치를 기록하고 있다. 대표적인 공단인 시화공단과 반월공단은 더 심각하다. 공장 가동률이 60%까지 추락했기 때문이다. 한국 경제는 악화 일로를 겪고 있다. 활자로 이야기하기보다 각종 지표를 살펴보자.

경제위기를 암시하는 대한민국의 경제지표들

제조업지수

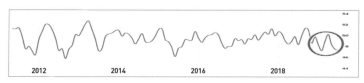

출처: 트레이딩 이코노믹스

제조업체의 구매 담당자가 느끼는 경기를 지수화한 것으로, 현장성과 전문성을 가진다. 지수가 50을 초과하면 제조업 경기의 확장을 의미하고, 50 미만이면 경기의 수축을 의미한다. 2019년 기준, 대한민국 제조업지수는 48.9로, 현재 경기가 수축 상태임을 알 수 있다.

GDP 성장률

출처: 트레이딩 이코노믹스

일정 기간 동안 각 경제 활동 부문이 만들어낸 부가가치가 전년 대비 얼마나 증가했는가를 보기 위한 지표로, 한 나라의 경제가 이룩한 성과를 측정하는 중요한 척도다. 지표를 보면 대한민국 GDP 성장률이 하락 중임을 알 수 있다.

실업률

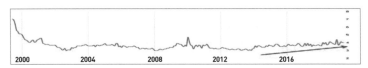

출처: 트레이딩 이코노믹스

만 15세 이상 인구 중에서 노동할 의지와 능력이 있으나 일자리가 없어 실업 상태에 놓인 사람들의 비율을 나타내는 지표다. 고용은 늘지 않는데 물가가 상승한다면 상승하는 물가를 감당할 수입이 없어 사람들은 소비를 하지 않을 것이고, 경제 선순환에 악영향을 줄 수 있다.

청년실업률

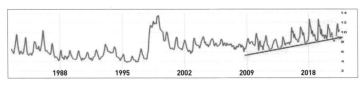

출처: 트레이딩 이코노믹스

——— 위기를 기회로 바꾸는 부의 공식

15~29세에 해당하는 청년층의 실업률을 나타내는 지표다. 지표를 보면 청년실업률이 상승 중임을 확인할 수 있다.

물가상승률

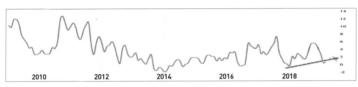

출처: 트레이딩 이코노믹스

일상 소비생활에 필요한 상품 및 서비스를 구입하기 위해 지불하는 가격의 변동을 나타내는 지표다. 지표를 보면 고용 상황은 좋지 않은데 물가는 상승 중임을 알 수 있다.

산업생산지수

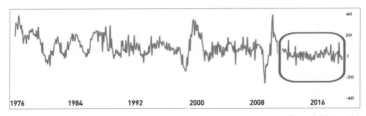

출처: 트레이딩 이코노믹스

한국의 전체 산업을 대상으로 재화와 용역에 대한 생산 활동 동향을 집계해 나타내는 지수다. 산업생산지수가 떨어진다는 것은 소비가 줄고 그만큼 경제가 위축되어 있다는 신호다.

구매관리자지수(PMI지수)

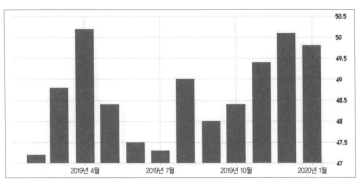

출처: HSBC

가장 예민한 경제지표로, 특히 눈여겨볼 필요가 있다. 한국 구매관리자지수는 2019년 6월 47.5에서 2019년 7월 47.3으로 하락해 제조업 부문의 수축을 나타냈다. 2013년 8월 이후 수출 판매량이 가장 많이 감소한 것을 의미한다.

구매관리자지수가 중요한 이유는 제조업별로 구매 담당자의 시장 전망에 따라 전체적인 경제 상황을 예측할 수 있기 때문이다. 예를 들어 자동차 부품 관련 구매 담당자가 부품 생산에 필요한 부속품을 많이 구매했다는 것은 경기가 좋아져 자동차 판매량이 증가할 것으로 예상했다는 의미다. 반대로 구매 담당자가 향후 경기를 어둡게 전망하면 부속품 구매를 줄이고, 생산량도 감소하게 된다. 구매관리자지수는 각 나라의 경기를 파악할 수 있는 매우 유용한 지표다.

대한민국의 경제지표는 생각보다 심각한 수준이다. 중국에 추월당하고, 미국이 압박하고, 일본이 견제하는 상황에서 과연 우리에게 탈출구가 있을까? 경제도 심각한데 부동산은 어떨까? 실물과 경제가 모두 나빠진다면 대한민국의 미래는 어떻게 될까? 나라도 나라이지만 나의 가정과 개인의 미래가 더욱 걱정이다.

여러 경제지표를 살펴봤을 때 대한민국의 경제는 안심할 수 없는 상황이다. 하지만 다가올 경제위기 상황을 개인이 해결할 방법은 없다. 다만 위기 신호를 파악하고, 위기에 맞는 투자를 고민할 필요가 있다. 대한민국의 부동산 상황은 어떨까? 지금부터 국내 부동산 상황을 살펴보자.

경제보다 심각한 가계부채,
부동산은 불패인가

가계부채, 부동산 시장의 시한폭탄

부동산 시장을 바라볼 때 가장 큰 위기의 단초가 되는 가계부채를 살펴보자. 우리나라의 가계부채는 생각보다 심각한 수준이다. 가계부채는 2002년 465조 원에서 2018년 1분기 기준 1,500조 원으로, 단기간에 3배 이상 증가했다. 가계부채가 증가하는 속도도 문제이지만 더욱 두려운 것은 채무 상환 능력이 떨어지고 있다는 점이다. 부채가 늘어도 상환 능력이 있다면 문제될 것이 없지만 부채는 늘어나는데 소득은 늘지 않아 상환 능력이 떨어지고 있는 것이다. 지표로 확인해보자.

■ 가계부채 동향

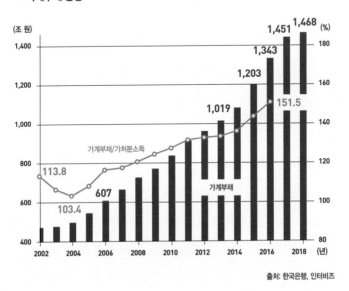

출처: 한국은행, 인터비즈

　가처분소득이란, 개인 소득 중 소비·저축을 자유롭게 할 수 있는 소득을 말한다. 가처분소득 대비 가계부채 비율은 가계가 지출할 수 있는 소득으로, 부채를 갚을 능력을 나타내는 가계부채 비율이다. 이 가계부채 비율이 상승했다는 것은 금융부채가 소득보다 더 빠르게 늘고 있음을 의미한다. 소득은 늘지 않고 갚을 능력은 줄어드는데 오히려 부채는 늘고 있다면 개인의 가정은 경제위기를 겪을 수 있고, 개인의 위기가 나라 전체로 퍼지는 것은 시간문제다.

갚을 능력이 줄어드는 것도 문제이지만 가계부채의 규모도 문제다. 국내 총 GDP에 육박하는 가계부채는 국내 경제에 가장 심각한 뇌관이 될 수 있다. 잘못 건드리면 터지는 시한폭탄이 될 수 있는 것이다.

위기로 이어질 수 있는 부동산 무한 공급

설상가상으로 최근 정부는 급등하는 집값을 잡기 위해 3기 신도시를 공급하겠다고 발표했다. 무려 30만 호 이상을 수도권에 공급하겠다는 것이다. 서울의 1년 수요는 6~7만 호 전후다. 수도권에 약 5년 치 수요를 한꺼번에 공급한다면 국내 부동산 시장은 공황 상태에 빠질 수 있다. 전 세계 부동산과 다른 흐름을 보이고, 잃어버린 20년을 겪은 일본과 비슷한 상황이 될 수도 있다.

미국은 서브프라임 이후 주택 공급을 줄여 빠른 시간에 부동산 가격을 회복했지만 일본은 건설 경기를 살린다는 명목으로 지속적으로 부동산을 공급한 것이 잃어버린 20년을 만들었다. 당시 일본의 1년 적정 공급량은 100만 호 수준이었는데, 1990년 전후로 6년간 200만 호를 공급했다. 이에 더해 당시 국제 유가는 18달러에서 38달러로 급등했고, 물가 또한 덩달아 치솟아 일본의 중앙은행은 금리 인하에도 실패했다. 건설 경기를 살린다고 주택 공급을 늘리고 금리 인하에도 실패한 일본의 경제는 무너졌고, 그로 인해 참담한 20년을 겪을 수밖에 없었다. 우리나라의 3기 신도시 공급은 단기적인 호재일 뿐, 장기적으로는 국내 부동산 시장에 재앙이 될 수도 있다.

한 치 앞을 예측하기 어려운 국내 경제와 부동산은 과연 어디로 흘러갈까? 과거처럼 경제 호황기가 아닌 안정기와 불황기에도 부를 축적할 수 있을까? 아무 부동산이나 사도 값이 오르는 시대는 끝났다. 무조건 장기 투자한다고 해서 주식이 오르는 시대도 아니다. 불황에 휴지조각이 되는 주식도 부지기수다. 그렇다고 해서 손 놓고 있는다면 당신은 부자가 될 기회를 영원히 놓치고 말 것이다. 이후에 소개할 필자의 투자법을 정독하면 혼돈에 빠진 대한민국에서 부자가 될 수 있는 힌트를 얻게 될 것이다.

톱니바퀴 세계 경제,
타국의 위기는 곧 우리의 위기다

한국 경제의 위기, 글로벌 경쟁력 상실

한국 경제는 금융위기와 주요 산업의 글로벌 경쟁력 상실이라는 두 가지 위기에 직면해 있다. 자동차, 디스플레이, 조선 등 주요 산업에서 주도권을 빼앗기고 있는 것이다. 국내 제조업은 고임금으로 인해 경쟁력을 상실했고, 중국의 기술력은 급성장하는 중이다.

2018년 우리나라 자동차 생산량 순위가 7위로 내려앉았다. 2016년에 인도에게 5위 자리를 빼앗기더니 2년 만에 두 단계가 또 추락한 것이다. 조선업의 생산 능력은 더 심각하다. 10년 전으로 되돌아간 것도 모자라 2018년 선박 및 보트건조업 생산능력지수는 2017년보다 17% 떨어졌고, 1980년 이후 최대치의 낙폭을 기록했다. 1위를 고수하던 LCD TV 시장도 중국에게 자리를 내주었다.

앞서 언급한 여러 경제지표가 경제위기를 나타내고 있다. 위기가 발발하지 않더라도 한국의 주요 산업이 글로벌 경쟁력 회복에 실패한다면 한국 경제는 서서히 몰락할 것이다. 이미 한국은 중국에 추월당하고, 일본과 독일, 미국에 압박받으면서 글로벌 시장 경쟁력을 잃어가고 있다. 시장 경쟁력이 더 떨어지고 있다는 것은 기술이 뛰어나더라도 글로벌 패권 전쟁에서 밀려나고 있다는 뜻이다. 한국의 주요 산업은 현재 악화일로를 겪는 중이다. 당분간 이 상황이 지속될 것임을 부정하는 사람은 없다.

IMF 때와는 다르다

1997년 IMF와 향후에 올 수 있는 경제위기는 어떻게 다를까? IMF의 발원지는 금융기관에서 자금을 빌려 무리하게 사업을 확장한 상업 영역의 부실채권이었다. 이로 인해 중산층이 큰 타격을 받았다. IMF 당시 우리나라가 부실해질 것을 우려한 외국 자금 세력은 무리하게 돈을 빌려 간 국내 기업들의 자금을 회수하려 했고, 이때 IMF에서 돈을 빌려서 회수 요청을 해결했었다. 그러나 현재 우리나라 GDP에 육박하는 가계의 부실채권이 터진다면 이자를 감당하기 힘든 가계의 소비는 축소되고 이는 내수경제 부진으로 직결된다. 더군다나 현재 코로나 발 위기로 전 세계 경제마저 축소일로에 놓여있다.

로이터통신 조사에 따르면 한국의 2020년 1분기 GDP는 2019년 4분기보다 무려 1.5% 감소했다. 이는 2008년 금융위기 4분기 GDP가 약 3% 하락한 이후 가장 높은 수치의 감소다. 소득이 줄어든 가계는 이자를 감당할 수 없게 되고, 소비가 위축되고, 이자를 감당하지 못한 부동산 매물이 쏟아지며 부동산마저 하락하고 저성장의 늪에 빠지게 되는 것이다. 이렇게 되면 한국에도 잃어버린 20년이 찾아올 수 있다.

부채로 인해 금융위기에 빠진 나라들

경제위기는 먼 미래의 일이 아니다. 전 세계에서 이미 시작되었거나 시작될 준비를 하고 있다. 실제로 아르헨티나, 터키, 브라질 등 많은 나라가 경제위기를 겪고 있다. 그렇다면 신흥국의 위기가 곧 한국의 위기가 될 수 있을까? 내 대답은 '그렇다'다. 신흥국에서 발생하는 위기의 핵심 원인은 막대한 부채이기 때문이다. 한국도 현재 가계부채가 전체 GDP에 육박하고 있는 실정이다. 부채로 인해 금융위기에 빠진 나라들을 살펴보자.

원유 수출이 발목을 잡은 이라크

이라크는 2015년 12월 17일 미연준이 첫 번째 기준금리를 인상한 바로 다음 달에 문제가 발발했다. 저유가와 함께 무시무시한 IS에게 나라의 3분의 1을 빼앗긴 것이다. 경제위기와 더불어 정치적으로 혼돈 상태인 이라크는 긴급 자금 12억 달러, 원화로 약 1조 4,200억 원을 IMF로부터 지원받았다.

대규모 정책 사업에 휘청거리는 아르헨티나, 파키스탄, 스리랑카

아르헨티나는 2018년에 IMF 구제금융을 신청했다. 경제성장률은 -1.4%를 기록했고, 물가는 50% 폭등했다. 현재 페소화는 폭락 중이다.

파키스탄과 스리랑카는 중국의 대규모 정책 사업인 일대일로에 참여했다가 부채의 함정에 빠져 구제금융 신청을 고민 중이다. 현재 중국의 일대일로 계획에 참여한 대부분의 국가가 IMF 구제금융 후보국으로 거론되고 있는 상황이다.

부자 나라에서 거지 나라가 된 베네수엘라

베네수엘라는 더욱 심각하다. 한때 남미에서 가장 부유한 나라였던 베네수엘라는 국가 경제의 대부분을 석유 수출에 의존했다. 그로 인한 수입은 대부분 국민들의 무상 복지에 사용되었다. 국가가 직접 돈을 벌어 국민들에게 퍼주고, 기존 상류층에게는 엄청난 세금을 부과하자 상류층들은 나라를 떠났다. 세수가 줄어든 상태에서 미국의 셰일가스 개발로 인해 유가까지 하락했다. 2018년 베네수엘라의 인플레이션은 가볍게 3,000% 이상을 기록했다. 전문가들은 국가 체계가 무너지는 상황까지 이른다면 베네수엘라는 군벌 및 마약상, 테러 단체의 보금자리가 될 것이라 예측하고 있다.

뱅크런 위기에 직면한 터키

70년을 동고동락한 미국과 터키는 경제 전쟁에 돌입했다. 오기인지, 카리스마인지 너무 강한 두 나라 통치자의 싸움에 민감한 종교적인 감정까지 더해져 양국 관계가 파국으로 치닫고 있다. 도널드 트럼프(Donald Trump) 미국 대통령은 터키산 알루미늄과 철강 제품에 2배 이상의 관세 부과를 공언하며 본격적으로 경제 보복을 했다. 터키 경제는 요동쳤고, 터키 리라화는 달러당 4.5리라에서 한때 7.2리라까지 평가절하되면서 외환위기까지 겹쳤다. 터키는 미국과의 경제 전쟁으로 뱅크런 위기에 직면해 있다.

테러로 신음하는 이집트

이집트는 2016년 11월 IMF로부터 3년간 120억 달러의 구제금
융을 받기로 합의했다. 환율은 반 토막이 났고, 물가상승률은 32%
에 달하며, 금리는 무려 18%에 이른다. 이집트 경제의 핵심은 수에
즈 운하와 피라미드를 이용한 관광 수입이다. 이런 이집트의 경제
를 무너뜨린 다양한 요인 중 하나는 IS다. 계속되는 테러로 인해 하
루에도 수백 명이 죽어나가니 목숨을 걸고 이집트를 방문하는 사
람이 줄어든 것이다. IS가 숙청되고 테러가 잠잠해지지 않는 한, 이
집트 경제는 살아나기 어려워 보인다.

이외에도 남아프리카공화국, 우크라이나, 브라질, 이탈리아, 러
시아, 인도네시아 등이 경제위기의 전조증상을 보이고 있다. 브라
질은 정치 불안과 높은 실업률, 경제성장률이 저하되는 상황에서
미국 기준금리 인상으로 인해 자본 유출 위기를 맞았다.

이탈리아는 GDP 대비 132%의 국가부채를 가지고 있는데, 정
부의 포퓰리즘 공약 시행으로 국가부채가 더 늘고 있다. 이로 인해
이탈리아 국채를 많이 보유한 은행들의 위기설이 증폭되고 있다.
이탈리아는 독일과 프랑스 다음으로 유로존 3위 경제 대국이기 때
문에 촉각을 곤두세워야 한다.

러시아 역시 석유와 천연가스 등 원자재 가격 하락으로 수출 감

소, 내수 침체, 환율시장 불안 등의 어려움을 겪고 있는데, 미국의 경제 제재로 인해 자본시장마저 불안정한 상황이다.

대내외 경제 상황이 어떤지 이해가 되는가? 대내외 상황을 이해했다면 가장 정확한 지표를 나타내는 OECD의 경기선행지수를 살펴보자. 이를 통해 우리는 정부보다 먼저 경제 흐름을 간파할 수 있다.

경기선행지수를 주목해야 하는 이유

경기선행지수는 국가별, 지역별로 6~9개월 뒤 경기 흐름과 경기 전환점을 예측하는 것으로, OECD에서 작성한다. 이는 개별 국가 및 지역의 경기 전환점 예측을 위해 이용된다. 고용 생산, 소비, 투자, 금융 등을 종합해 나타낸 지표이다 보니 그 어떤 지표보다 정확한 통계를 보인다. 2018년부터 이 지표가 지속적으로 하락 중이고, 현재 가장 나쁜 수치를 나타내고 있다.

■ 경기선행지수

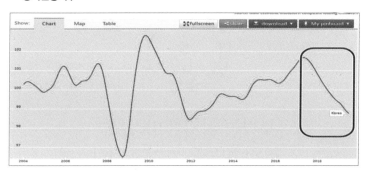

출처: OECD

위기를 어떻게 대응해야 할까

대내외 상황들을 살펴보고 OECD가 판단하는 국내 경제지표를 보니 어떤 생각이 드는가? 지금 한국 경제는 2018년 4월을 기점으로 수축하기 시작해 매우 심각한 수준으로 가고 있다. 위기에 대비해 자산을 배분하고 조정하는 것을 심각하게 고려해야 하는 시점이다. '준비하는 자는 위기를 기회로 만들 수 있다'라는 천편일률적이다 못해 지나치게 상식적인 문구가 독자를 부자로 만드는 키워드가 될 수 있다는 것을 명심하자.

부자는 위기를 바라보는
올바른 눈을 가지고 있다

패닉 상태에 빠진 경제

현재 국내 경제와 부동산은 한 치 앞을 모르는 패닉 상태다. 현 정부가 열아홉 차례 부동산 정책을 내놓았다는 것은 그만큼 부동산 가격이 출렁였다는 방증이다. 다주택자를 향한 무차별 규제 정책으로 인해 많은 사람이 임대사업자 등록을 꺼리니 임대시장에 공급은 줄어들고, 임대료는 급등할 것이다. 그리고 이는 고스란히 서민들의 살림을 압박할 것이다.

급진적인 최저임금 상승은 자영업자들을 파산으로 몰고 있다.

대기업도 힘들지만 중소기업은 살아날 재간이 없다. 이에 비해 시장에는 돈이 넘쳐난다. 단기 유동 자금이 1,124조 원 규모로 우리나라 GDP에 육박하는 실정인데, 코스피지수는 3년 전으로 회귀했다. 기업이 어려운데 주가가 오를 리 만무하지 않은가? 설상가상으로 미국과 우리나라의 금리마저 역전됐다.

정부의 정책이 싫든 좋든 우리는 받아들일 수밖에 없다. '정부의 정책에 맞서지 말라'라는 말이 있다. 정부가 경제를 어떻게 만들든 우리는 문제를 해결할 수 없다. 언제나 대응할 뿐이다. 경제가 어디로 흘러갈지 유추하고, 지식을 쌓고, 정책에 관심을 가지고, 통찰하는 능력을 기르는 것만이 살길이다.

경제위기를 암시하는 각종 지표를 보고도 경제위기에 대비하지 않는 독자가 있을까? 필자는 이 책을 통해 독자에게 많은 것을 알려주고, 그에 대비하는 방법을 전달하고 싶다.

알고 대비하는 것과 모르고 당하는 것의 차이

미리 알고 대비하는 자와 모르고 당하는 자의 격차는 더욱 벌어질 것이다. 정말 심각한 것은 다른 나라들이 우리나라를 바라보는 시각이 부정적으로 변했다는 사실이다. 최근 일본과 한국의 긴장이 고조되면서 무게가 더해졌고, 중국과의 경쟁이 심화되고, 세계 경제 약세가 예상되기 때문이다. 국내 전체의 신규 사업 유입 및 생산량은 모두 감소했다. 수요 예측이 어려운 기업들이 비용을 절감하고 고용, 투입, 구매 수준이 모두 감소하는 추세다. 이에 더해 부작용이 생길 것이 자명한 분양가상한제마저 실행 중이다.

독자들은 이 책을 통해 국내 경제와 부동산이 어떻게 흘러갈 것인지, 이런 상황을 어떻게 지혜롭게 헤쳐 나갈 것인지 많은 지식을 얻을 수 있을 것이다. 그와 더불어 부로 가는 지름길을 찾아낼 수 있을 것이다.

6

위기는
부자가 될 기회를 만든다

처음 겪어본 위기, 1997년에 무슨 일이 있었을까

1997년 대한민국 경제는 썩어가고 있었다. 그러나 뉴스와 각종 미디어는 우리나라가 OECD에 29번째로 가입했다는 자축 기사를 내보내며, 국민소득이 1만 달러를 넘어 경제 선진국 반열에 올랐다고 호도하기 시작했다. 일각에서는 위기설이 돌았지만, 언론은 이를 비웃기라도 하듯 경제 호황을 거론하고, 우리나라가 아시아의 네 마리 용이 되었다며 경제 활황을 이야기했다.

국민들은 우리나라도 세계로 뻗어 나가는 선진국이 될 거라 믿어 의심치 않았다. 〈조선일보〉는 '한국 경제 위기 아니다'라는 제목의 기사를 같은 해 3월 18일과 9월 18일에 두 차례나 대서특필했다. 순진무구한 국민들은 언론의 말을 믿고 아무 준비 없이 국가 부도의 날을 맞은 것이다.

출처: 〈조선일보〉 1997년 3월 18일자 기사

출처: 〈조선일보〉 1997년 9월 18일자 기사

그렇다면 1997년에 대체 무슨 일이 있었던 것일까? 당시 우리나라 정부는 앞장서 세계화를 주장하며 신자유주의를 표방했다. 그리고 '세계화'라는 캐치프레이즈를 내걸고 별다른 대책 없이 시장

——위기를 기회로 바꾸는 부의 공식

을 개방했다. 기업들은 금융기관과 외국에서 돈을 융통해 부동산과 사업에 투자했고, 문어발식으로 사업을 확장했다.

그러다 무리하게 사업을 확장한 몇몇 재벌이 무너졌고, 이에 불안해진 외국 자본들이 투자한 돈을 회수하겠다고 하자 우리나라는 후폭풍에 시달렸다. 그러니 IMF 사태는 빠른 경제 성장을 원한 무지몽매했던 정부와 이익에 눈이 멀어 문어발식으로 사업을 확장한 재벌 그리고 우리나라가 망하든 말든 아랑곳하지 않은 외국 선진국의 자본이 만들어낸 걸작(?)인 셈이다.

고도 경제 성장의 종착지

한국은 1997년 12월 3일 IMF에 구제금융을 신청했다. 이는 1970년대 한강의 기적에서 시작되어 1990년 초반까지 지속된 고도 경제 성장이 사실상 끝났음을 의미하는 것이었다. 한국은 전 세계에 '국가 부도의 날'을 공표하고, 국제기관의 지시를 따라야 하는 처지가 되었다. 순진하게 언론의 말을 믿은 국민들은 '한국 경제 위기 아니다'라는 제목의 기사를 읽은 지 얼마 되지 않아 뒤통수를 맞아야 했다. 이러한 일련의 과정은 2018년에 〈국가부도의 날〉이라는 제목의 영화로 제작되어 흥행에도 성공했다. 이 영화를 보면 IMF가 우리에게 얼마나 큰 충격을 주었는지 알 수 있다.

영화 〈국가부도의 날〉로 보는 IMF로 울고 웃은 사람들

〈국가부도의 날〉은 1997년 IMF 위기 안에서 서로 다른 선택을 하고 그 선택을 지키려 했던 사람들의 모습을 그린 영화로, 경제부처와 그 사건을 직접 담당했던 사람들의 이야기는 물론이고 IMF에 휩쓸린 일반 서민들의 이야기까지 실감나게 담아냈다.

출처: 〈중앙일보〉 1997년 12월 3일자 기사

영화는 '외환위기 때 비공개로 운영된 대책위원회가 있었다'라는 한 줄 기사에서 시작한다. 영화 속에서 국가 부도까지 남은 시간은 일주일이다. 어떻게든 국가 부도를 막기 위해 고군분투하는 한국은행 직원들(배우 김혜수, 조한철, 박해효 등), 상황을 파악했지만 국가나 국민을 걱정하기보다 자신의 입신출세의 기회로 이용하려

　　　　　　　　——위기를 기회로 바꾸는 부의 공식

한 부패한 관료들(배우 조우진, 김홍파), 상황을 보고받은 뒤 난감해하는 관료(배우 엄효섭), 동물적이고 천재적인 투자 감각으로 미리 달러에 투자해 큰돈을 벌어들여 인생 역전에 성공한 투자의 귀재(배우 유아인), 그를 믿고 따른 사람들(배우 송영창, 류덕환), 일생을 다 바쳐 회사를 일구었지만 국가 부도 사태를 맞아 파산 상태에 몰린 비운의 사업가(배우 허준호) 등 다양한 인물이 등장해 IMF 사태를 재조명하고 영화에 재미를 더한다.

영화 속에서 투자의 귀재 유아인은 그래프를 그리며 투자자들에게 현재 닥친 상황을 어떻게 이용해야 하는지 아주 간단명료하게 브리핑한다. 그의 설명대로 위기를 이용한 자는 부자가 되었고, 위기를 이용하지 못한 자는 가난해졌다. 같은 위기가 누군가에게는 디딤돌이 되었지만, 누군가에게는 깊은 가난의 나락으로 떨어지는 블랙홀이 되어버린 것이다.

이 역사적인 사건 안에서 누군가는 흥하고, 누군가는 망했다. 우리는 이 사건을 되돌아봄으로써 부자가 되는 힌트를 얻을 수 있다.

위기를 부자가 되는 발판으로 삼아라

영화 〈국가부도의 날〉은 위기 상황에서도 누군가는 부자가 되고, 누군가는 더욱 가난해질 것이라는 교훈을 준다.

우리 인생도 영화다. 기회는 영화처럼 반드시 찾아온다. 상황을 알지도 못한 채 빚더미에 앉게 되는 비운의 사업가가 될 것인가, 높은 건물에서 세상을 내려다보는 천재 투자자가 될 것인가?

달러는 불황에 강하다

달러, 세상에서 가장 안전한 화폐

'팍스 아메리카(Pax Americana)'라는 말이 있다. 팍스(Pax)는 라틴
어로 평화를 뜻한다. 이 말의 유래를 살펴보자. 과거 로마제국이
피정복 민족들을 통치하던 것을 '팍스 로마나(Pax Romana)', 19세기
영국이 식민지를 통치하던 것을 '팍스 브리태니카(Pax Britannica)'라
고 불렀다. 팍스 아메리카는 미국에 의해 세계 평화와 질서가 유지
되고 있다는 것을 지칭하는 것이다.

미국이 경제, 안보, 정치 등을 모두 장악하고 있기 때문에 미국

의 달러는 안전하다. 미국은 100년을 내다보고 국가를 경영한다. 미래에 식량이 부족할 것을 대비해 서부에 있는 엄청난 땅을 손도 대지 않고 있고, 자연적으로 생산되는 미국 서부의 석유는 미 동부 산악지대 동굴 속에 장기적으로 저장하고 있다. '팍스 아메리카'가 공존한다면 달러는 현존하는 가장 안전한 화폐다.

위기에는 달러를 모아라

과거를 반추하면 다가올 경제위기에 대비할 수 있다. 각종 경제지표가 조만간 위기가 닥칠 것이라 말하고 있다. 그때 누구나 단기간에 큰돈을 벌 수 있는 기회가 생긴다. 달러가 급등할 때는 국내 부동산, 주식, 국공채, 원화 가치가 하락한다. 재정위기를 겪은 그리스, 스페인이 그랬고, 한국, 일본 등 금융위기를 겪은 대부분의 나라에서 발생한 일이다. 구제금융을 두 번이나 이용한 영국도 달러의 급등을 피해갈 수 없었다. 4~5년 주기로 도래되는 금융위기를 대비해 달러를 매입하라. 단기간에 종잣돈을 2배로 늘릴 수 있는 투자법이다.

IMF 당시 원 달러 환율은 한 달 만에 70% 가까이 급등했고, 국내 주식은 대폭락을 기록했다. 당시 코스피가 최저치를 기록했을 때는 277포인트였다. 2020년 3월 기준, 코스피지수는 2,014포인트다.

이후 약 2년간 환율은 40% 이상 급락했고, 동 기간 주가는 200% 넘게 급등했다. 센스 있는 독자라면 마무리에 기술하지 않아도 필자가 주장하는 투자법을 눈치챘을 것이다.

2008년 글로벌 경제위기를 생각해보자. 당시 원 달러 환율은 80% 가까이 급등했고, 코스피지수는 동 기간에 50%나 폭락했다. 가장 공신력 있는 FRED(미국 연방준비은행)와 한국거래소의 자료를 통해 이를 확인해보자.

■ 원 달러 환율 추이

출처: FRED

■ 코스피지수

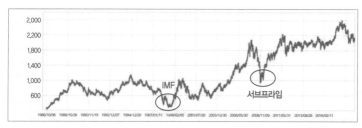

출처: 한국거래소

위기 시에 엄청난 수익을 낼 수 있는 유일한 무기, 달러

달러 가치는 국내 주식과 부동산 채권과는 다른 움직임을 보인다. 이 부분이 달러 투자의 핵심이라 할 수 있다. 영국, 중국, 일본 가릴 것 없이 외환위기가 닥쳤을 때 누구나 부자 반열에 오를 수 있는 기회를 잡을 수 있다. 우리는 안전 자산인 달러를 보유해야 하는 숙명을 가지고 태어났다. 달러는 한 달 만에도 50~80% 수익률이 오르락내리락하는 최고의 투자 상품이다. 위기가 안정되고 달러가 안정권을 찾은 경우에는 든든한 안전 자산 역할까지 한다.

위기가 닥치기 전에 내가 가지고 있는 최대한의 자금을 달러에 투자하라. 달러로 2배 가까운 수익을 낼 수 있다. 그리고 급등한 달러를 매도하고 국내 부동산에 투자하라. 큰 건물이나 고가의 아파트일수록 가격이 많이 떨어진다. 그런 물건들을 공략하라. 가격이 50% 떨어진 물건을 매수한다면 내가 취하는 수익은 원금의 4배가 된다.

큰 건물, 고가의 아파트를 살 돈이 없어도 괜찮다. 적은 돈으로도 투자가 가능하니 실망할 것 없다. 달러는 위기 시에 수배의 수익을 낼 수 있는 유일한 무기다. 만약 1억 원을 투자했다면 위기에 그 돈의 가치는 4억 원쯤 되어 있을 것이다.

부자가 되는 방법, 생각보다 그리 어렵지 않다. 이 책을 읽고도 달러에 투자하지 않는 독자는 없으리라 생각한다. 앞서 이야기한 내용을 종합해 금융위기 때 신흥 부자가 나오는 사이클을 정리해 보자.

대한민국 역사로 배우는
부자공식

위기를 기회로 만들어라

요즘 다양한 미디어와 매체가 경제위기를 언급하고 있다. 과거 추이를 통해 앞으로 닥칠 수 있는 위기를 예측하고, 꽤 그럴 듯한 논리들을 내세우며 위기를 기회로 만들 수 있다고 말한다.

필자는 고객의 자산을 관리하고 자산 증식에 대한 수단을 멘토 링하고 고민하는 일을 하기 때문에 경제는 물론, 부동산을 공부하 지 않을 수 없다. 그동안 쌓은 투자 경험과 꾸준한 공부로 얻은 경 제 지식 그리고 통찰을 많은 독자와 나누고 싶다. '좀 더 일찍 알았더라면' 하는 아쉬움도 들 것이다. 하지만 이제라도 알았으니 얼마나 다행인가. 지금부터 실행해나가도록 하자.

IMF 당시 유일하게 올랐던 것은?

1997년 IMF 당시 필자는 인천 계산택지 개발지구에 거주하고 있었고, 인근 집값은 30% 이상 무섭게 떨어지고 있었다. 1,000포인트 안팎이던 주가는 반 토막이 났고, 1달러에 800~900원이던 환율은 2,000원까지 급등했다. 이처럼 경제위기가 올 때는 주가가 떨어지고, 부동산 가격이 급락한다. 그러나 그런 상황에서도 오르는 것이 있다. 그것은 바로 계속해서 강조하고 있는 달러다.

당시 필자가 살고 있던 25평 아파트의 분양가는 6,800만 원으로 계산택지 개발지구에서 가장 비쌌고, 같은 택지지구 내 34평 아파트는 약 9천만 원에 분양되었다. 입주 이후 약 20% 상승해 1억 3~4천만 원에 거래되던 아파트가 IMF 후 분양가 아래로 현저하게 떨어졌다. 7~8천만 원이면 인프라가 좋은 택지지구의 신축 아파트를 살 수 있는 절호의 기회였다.

당시 필자가 가지고 있는 것이라고는 집 한 채가 전부였던 터라 30% 이상 떨어진 인근 34평 아파트를 보며 없는 자금을 한탄했다. 대출이라도 받고 싶었지만 그도 녹록하지 않았다. 34평 아파트만 떨어진 것이 아니라 25평인 필자의 아파트도 떨어진 상황이었으니 말이다. 그 당시에는 대출 이자도 높아(약 15%) 대출을 무리하게 받아 이사를 가기 힘든 상황이었다. 필자는 그저 발만 동동 구르며 34평 아파트를 사지 못하는 것을 안타까워했다. 지금 생각해보면 필자는 그즈음부터 경제에 관심을 갖기 시작한 것 같다.

당시 필자가 자금 여유가 있어 인근 아파트 3채만 매수했어도 지금보다 더 큰 자산가가 되었을 것이다. 그전에 경제 공부를 하고, 경제 돌아가는 메커니즘에 대해 지식을 쌓고, 달러를 사두었더라면 지금쯤 강남의 건물 한 채는 너끈히 소유하고도 남았을 것이다. 당시 필자가 은행에 저축해두었던 3천만 원을 달러에 투자했다면 그 돈은 7천만 원 정도가 되었을 것이고, 34평 아파트를 살 수 있는 종잣돈이 되었을 것이다. 여유가 있어 6천만 원을 달러에 투자했다면 그 돈은 34평 아파트를 두 채나 살 수 있는 엄청난 종잣돈이 되었을 것이다.

그 당시 여유가 있어 더 많은 돈을 달러에 묻어두었던 사람들은 경매로 나온 물건을 혹은 자금 사정으로 급하게 나온 물건을 절반 가까이 떨어진 가격에 구입했다. 정말이지 그 시절로 돌아가고 싶은 마음이 간절하다. 그런데 어쩌겠는가. 시간을 되돌릴 수는 없는 노릇이다. 우리가 사는 동안 이러한 기회는 다시 찾아올 것이다. 과거를 통해 미래를 유추하고 준비하는 것이 부자의 태도라는 것을 강조하고 싶다.

이렇듯 지식은 절대적인 힘을 갖는다. 아는 것이 권력이고, 공부만이 살길이다. 이 책을 집어든 독자들은 반드시, 기필코, 단언컨대 부자가 될 것이다. 앞으로 남은 인생에서 한 번이 아니라 여러 번 그 기회를 마주할 것이고, 준비하는 자만이 부자가 될 것이다.

2부

부자의 마인드

부자가 되는
뇌 구조를
만들어라

결핍이 곧 부자를 만든다

누구나 부자를 배우고 싶어 한다

각종 자기계발서와 성공 스토리를 보면 늘 언급되는 것이 있다. 그것은 바로 부자들이 가진 마인드다. 성공한 사람들과 부자들의 마인드는 항상 일맥상통한다.

그렇다면 부자가 되는 방법이 너무 쉬운 거 아닐까? 우리는 부자들이 주장하고, 실제로 부자들이 가지고 있는 마인드를 따라 함으로써 부자가 될 수 있다. 단지 이번 장을 읽고 실천하는 사람과 그렇지 않은 사람의 차이일 뿐이라는 점을 강조하고 싶다.

누구에게나 결핍을 극복하는 과정이 필요하다

부자들에게는 공통점이 있다. 물려받은 돈도, 능력도, 외모도, 성격도 아니다. 그들에겐 결핍이 있다. 대부분의 부자는 남들보다 부족한 무언가를 자각하고, 그 결핍을 극복하기 위해 누구보다 치열하게 노력했다. 그래서 부자가 된 것이다.

필자 또한 마찬가지다. 필자에게도 가난이라는 결핍이 있었다. 필자의 부모님은 시골에서 사글셋방 하나 겨우 얻을 정도의 돈을 들고 상경해 강북에서 살림을 시작했다. 여행 한 번 가지 못하고 악착같이 모은 돈으로 강북에 집 한 칸을 겨우 마련했지만 사업이란 건 잘 모르시는 분들이다. 사업 수완도 없고 오로지 열심히 일하고 저축만 하신 분들이다. 투자라면 아직도 기함을 하시는 분들이다. 대한민국의 여느 부모님들처럼 자식 셋 키우느라 당신들 노후 준비는 전혀 하지 못하신 분들이다.

연로하신 부모님의 노후는 당연지사 자식들의 몫이 되었고, 필자는 인생의 전환점을 겪으며 내 스스로가 모든 걸 책임져야 한다는 막중한 임무를 갖게 되었다. 당시 소득으로 살림을 꾸려나가며 부모님을 보살피고, 아이를 교육시켰다. 열심히 번 돈으로 당장 생활은 가능했지만 나의 노후를 준비하기에는 부족했다.

필자는 노후가 두려워 투자를 시작하기로 결심했다. 쥐꼬리만

한 은행 이자에 만족할 수 없었다. 그래서 종잣돈을 달러와 펀드, 주식, 부동산, 부실채권(NPL) 등에 투자했다. 부동산은 지금까지 15년 이상 꾸준히 투자하고 있다. 이를 통해 현재의 자산을 이루게 된 것이다. 당시 필자가 여느 사람들처럼 은행에 저축하는 것이 가장 안정적이라고 생각했다면 지금의 부는 없었을 것이다.

결핍은 미래의 자양분이 된다

미국의 심리학자 벌허스 스키너(Burhus F. Skinner)는 50명의 사람에게 실험을 진행했다. A집단에게는 그들이 원하는 완벽한 환경을 조성해주고, 의식주는 물론 언제든 여행을 떠날 수 있는 경제적인 지원과 자유를 주었다. B집단에게는 의식주 모두 불편한 상태로 제공하고, 여행도 금지하고, 경제적인 지원도 해주지 않았다. 그리고 6개월 뒤, 그들의 마인드와 성장률을 비교해보았다. A집단은 처음보다 마인드와 성장률 지표가 5점이나 떨어졌고, B집단은 8점이나 상승했다.

현재 결핍에 처한 독자라면 오히려 결핍에게 감사해야 함이 느껴지는가? 자수성가한 부자들에게는 대부분 결핍이 있었다. '부족하고 힘든 현실이 나를 부자로 만들어줄 것이다'라는 믿음을 가져라. 부족하고 가진 게 없어 아무것도 이룰 수 없다는 것은 핑계일 뿐이다.

파블로프의 개가 되고 싶지 않다면

주식이나 펀드에 투자하면 손실을 볼 수도 있고, 수익을 낼 수도 있지만 은행에 저축하는 것은 확정적인 손실이라는 것을 알고 있는가? 보수적으로 잡아 물가상승률은 3%이고, 2020년 4월 기준, 우리나라의 기준금리는 0.75%로 역대 최저 수준으로 필자의 예상보다 5년 이상 빠르게 0%대 금리 시대에 진입했다.

이 수치는 무엇을 의미할까? 이는 은행에 저축만 하는 당신이 매년 2.25%의 돈을 잃고 있는 셈이고, 30년을 저축만 한다면 총 67.5%, 즉 3분의 2가 넘는 돈을 잃고 있음을 의미한다. 절대적인 금액이 줄어든 것이 아니라 물가 상승으로 인해 내 돈의 가치가 절반가량 떨어졌다는 뜻이다. 이 사실을 간과하고 전혀 눈치채지 못하는 당신은 자본주의에 길들여진 '파블로프의 개'라는 것을 알아야 한다.

파블로프의 개는 개에게 종소리를 들려주고 음식을 주는 실험에서 나온 말이다. 음식 냄새를 맡은 개는 자연스럽게 침을 흘리고, 이런 상황이 반복되면 그 개는 종소리만 들어도 침을 흘리는 반응을 보이게 된다는 것이다. 예를 들어, 어린 시절 개에게 물린 경험이 있는 사람은 개에 대한 공포 반응과 회피 행동을 습득해 자라서도 개를 무서워하고 피하게 된다.

우리는 어릴 적부터 좋은 학교에 가야 하고, 좋은 직장을 다녀야 하고, 투자는 위험하고, 빚을 지면 안 된다는 반복적인 자극에 노출된 채 살아왔다. 나는 아니라고 우기고 싶어도 우리의 자화상은 투자가 무서운 자본주의의 파블로프의 개라는 것을 인정하자. 인정하는 순간, 나의 성장이 시작될 것이다.

이 책을 읽는 독자는 이미 물가와 금리의 상관관계를 깨달았고, 역경을 이겨내면 더 많이 성장할 수 있다는 것을 알았으니 실망할 것 없다. 필자 역시 파블로프의 개로 산 시절이 있었지만 힘든 시절 읽은 한 권의 책이 필자를 경제적 자유로 가는 길로 인도했다. 필자의 경험과 이론이 녹아든 이 책을 통해 독자들 모두 경제적 자유인으로 거듭나길 바란다.

부자가 되는 관점으로
자신을 디자인하라

'자존심'은 버리고 '자존감'을 높여라

당신은 자존심을 지키는 사람인가, 자존감을 지키는 사람인가?
자존감을 택하든 자존심을 택하든 본인의 선택인 걸 누가 뭐라 하
겠는가. 하지만 자존심만을 내세우는 사람은 단언컨대 성공과는
거리가 멀다.

당신이 진정 경제적 자유와 성공을 원한다면 자존심은 버리고
자존감을 높여라. 자존감이란 남에게 굴하지 않고 자신의 품위를
지키는 행위이며, 자신을 소중히 여겨 스스로에게 존중받고 싶은

마음이다. 즉 자존심은 남이 나를 바라보는 시선에서 시작되고, 기준은 내가 아닌 남이다. 그러나 자존감은 나에게서 시작되고, 기준은 내가 된다.

중국 《초한지》에 나오는 항우와 한신을 예로 들어보자. 항우는 출전하는 전쟁마다 연전연승을 거두고, 진나라 시황제의 무덤을 파괴하고 황궁을 약탈해 진나라를 멸망시켰다. 하지만 그는 마지막 전투였던 해하의 결전에서 가소롭게 여기던 유방과 한신에게 포위당해 스스로 목숨을 끊었다. 연전연승을 거두고도 한 번의 패배를 인정하지 못해 극단적인 선택을 한 것은 자존심이지, 자존감이 아니다.

그렇다면 미천한 신분이라는 이유로 항우에게 인정받지 못하고 젊은 시절 시비를 걸어오는 시정잡배의 가랑이를 기었다는 한신은 어떨까? 그는 자신을 인정해주지 않은 항우를 떠나 유방의 진영에 가담했다. 그리고 그의 재능을 알아본 하후영의 추천으로 유방과 함께 절대적인 신임을 받은 소하에게 인정받기 시작해 해하의 결전에 이르기까지 유방의 군사를 지휘했다. 결국 한신은 초나라의 제왕이 되어 돌아와 불우한 어린 시절에 밥을 나눠준 아낙에게 천금으로 보상하고, 가랑이를 기어가게 만든 시정잡배에게는 치안을 담당하는 중책을 맡겼다.

한신은 후대에 덕망이 높고 고매한 인품을 지닌 인물로 추앙받았다. 추잡한 꼴을 당했지만 끝까지 자신의 길을 걸어간 그는 자존감이 높은 사람이라 할 수 있다. 그에게 시정잡배의 가랑이를 기는 것 따윈 자신을 지켜내는 것보다 중요한 일이 아니었다.

'강한 자가 살아남는 것이 아니라 살아남는 자가 강한 것이다'라는 말이 있다. 한신은 신분이 미천했고, 자존심이 상하는 수많은 사건과 전쟁을 치렀지만 살아남았기에 존경받는 제왕으로 군림할 수 있었다.

모르는 것은 모른다고 하라

'불치하문(不恥下問)'이라는 말을 들어보았을 것이다. '자신보다 못한 사람들에게 묻는 것을 부끄러워하지 않는다'라는 뜻이다. 성공한 사람들을 보면 조금은 뻔뻔스럽다 할 정도로 부끄러움이 없다. 목표가 있고, 자신이 가야 할 길이 있기 때문에 주변의 시선 따윈 거의 신경 쓰지 않는다. 필자 또한 부끄러움이 많고 자존심이 세지만, 성공하고 싶은 절실함이 모든 태도를 바꾸었다.

이 부분에 의문을 품는 사람들이 있을 것이다. 사람은 잘 바뀌지 않는다고, 바뀌면 죽을 때가 된 거라고 말하고 싶을 것이다. 필자 또한 사람은 잘 바뀌지 않는다고 생각한다. 게으른 사람이 갑자기 12시간을 움직인다거나, 이기적인 사람이 갑자기 천사처럼 변하는 것은 사실 힘들다. 그러나 한 가지만 알아두자. 우리는 관심사를 바꿈으로 인해 그동안의 습관과 태도, 생각들을 바꿔나갈 수 있다. 예를 들어 그림을 좋아하는 사람을 진심으로 사랑한다면 세상 관심 없던 그림에 관심을 갖게 되고, 상대에게 잘 보이기 위해 화가 이름을 줄줄 꿸 수도 있다. 사진을 좋아하는 사람을 사랑한다면 카메라 종류, 사진 찍는 구조 등에 관심을 갖게 될 수도 있다. 우리는 부자가 되는 일에 관심을 가지고 돈에 대해 솔직한 태도를 갖는 것으로 모든 생활 패턴과 생각, 태도를 바꿀 수 있다.

돈에 관심을 갖고, 부자들을 따라 하고, 부자가 되고 싶다고 솔직히 말하라. 나는 돈 없이도 행복할 수 있다는 가식 좀 떨지 말자. 필자의 경험으로는 자신은 속물이 아니라고 말하는 사람이 더 속물인 경우가 많았다.

성공하기에 좋은 성격이란 없다

필자는 전형적인 A형이다. 상처도 잘 받고 눈물도 많다. 나서는 것을 싫어해 강사라는 직업은 꿈도 못 꾸었다. 이런 성격은 사회생활에 아무런 도움이 되지 않았다. 그저 평범하게, 아무 어려움 없이 살고 싶은 꿈이 있었지만 살다보니 평범하게 사는 것이 쉽지만은 않았다.

필자는 스스로의 인생을 제대로 책임지고 싶었다. 먼 훗날 눈감을 때 절대 후회하지 않는 삶을 살고 싶었다. 그래서 성격을 바꿨다. 흔히 부자들이 말하는 관점으로 나를 디자인해나갔다. 잘살고 싶다는 간절함은 사람들 앞에서 혹여 실수하고 욕먹지 않을까 두려워하던 나의 어쭙잖은 자존심을 버리게 해주었다.

또한 필자는 무언가를 배울 때 오래 걸리는 편이지만 끈기와 근성, 무서운 집중력으로 버티며 끝까지 배웠다. 오늘 책상 앞에 5시간 앉아 있었다면, 내일은 10분 더 앉아 있는 식으로 시간을 늘려나갔다. 그렇게 17시간까지 앉아 있어 본 적이 있다. 덧붙이자면 대한민국 40대 남녀의 하루 평균 학습 시간은 6분이다. 필자는 그것의 몇 십, 몇 백 배가 되는 시간 동안 전문 분야의 지식을 쌓기 위해 노력했다.

지식이 쌓이고 커리어가 쌓이자 자산이 늘어가기 시작했다. 필자의 커리어와 자산은 자존심만 강했지 여리기만 했던 필자의 자존감을 높여주고 있다. 필자는 명품을 사는 것보다 내 스스로가 명품이 되는 것에 집중했고, 이는 자연스레 수입과도 직결되었다. 스스로 일군 자산들은 필자의 존재를 더욱 부각시켜주고, 자존감을 더욱 높이는 필요충분조건이 되었다.

부자 멘토를 만들어라

집 한 채 있다면 다행이라고 생각하고, 경제 신문과는 담을 쌓고, 세상의 모든 고급 취미를 섭렵하고, 분수에 맞지 않는 소비를 일삼고, 부동산에는 관심조차 없는 주변 친구들은 필자가 부자가 되는 것을 방해하는 훼방꾼이다. 그들은 필자가 조금이라도 부를 쌓으면 뒤에서 온갖 욕을 해대는 간신배로 돌변하기도 한다.

부자가 되고 싶다면 자존심 따윈 집어던지고 스스로 노력하고 치열하게 살아라. 열심히 일하고, 누군가가 보든 보지 않든 나의 길을 가고, 누군가를 항상 돕고, 배려하고, 웃으며 인사하는 나로 디자인하라.

주변에 부자 친구가 없다면 부자 멘토를 찾아라. 필자에게도 존경하는 멘토가 있었고, 그분을 닮기 위해 무던히 애를 썼다. 사고방식, 생활방식까지 닮으려 노력했고, 심지어 말투까지 따라 했다. 가난하고 부정적인 생각으로 무장한 친구들과 어울리기보다는 부자 멘토를 만들고 그를 닮아가기 위해 노력하라. 멘토의 일거수일투족, 삶의 방식, 생각, 태도, 말투 등을 따라 하다 보면 자연스럽게 내 것으로 받아들여지게 된다. 그것이 내 안에서 다시 융화되고 새롭게 디자인되면 부자 마인드를 가진 나로 재탄생하게 될 것이다.

돈에 대한 지식은
절대 권력이다

부자가 되는 방법을 학습하고 실행하라

우리는 보통 초등학교부터 대학교까지 16년 동안 교육을 받는 다. 대학원까지 진학하면 20년에 가까운 긴 시간을 교육에 할애하는 것이다. 그러나 제대로 된 재테크 교육을 받은 적은 없다. 그 어디에서도 금리나 물가에 대해 가르쳐주지 않는다. 돈을 불리는 방식에 대해서는 문외한으로 자란다. 다시 한 번 강조하지만 물가를 하회하는 이자를 받기 위해 은행에 저축만 하는 독자는 절대로 부자가 될 수 없다. 시간이 갈수록 물가는 올라가는데, 금리는 떨어

—— 위기를 기회로 바꾸는 부의 공식

진다. 노후를 위해 은행에 저축만 한다면 나이가 들어 다시는 돌아오지 못하는 레테의 강을 건너게 될 것이다.

지금이라도 늦지 않았다. 부자들이 세상을 살아가는 방식을 공부하고 부자 마인드를 장착하자. 그와 동시에 투자를 병행하면 누구나 부자가 될 수 있다. 나는 어려서 교육을 제대로 받지 못해 금융 지식이 없고, 투자에 대한 감이 없다고 핑계대지 말자. 당신은 이미 필자의 책을 읽고 있다. 이 책에는 금융으로 돈을 벌 수 있는 지식과 부동산이 규제되더라도 돈을 벌 수 있는 많은 정보가 담겨 있다.

빠르면 빠를수록 좋다. 아직 젊다고 세월아 네월아 하다 보면 투자해야겠다는 동인을 잃어버리게 된다. 아무리 좋은 글을 많이 읽고, 좋은 강의를 수차례 들어도 한 번 실행하는 사람만 못하다.

재테크가 어렵게 느껴진다면 일단 인터넷을 이용해 여러 정보를 수집하라. 필자가 추천하는 카페와 블로그에 올라오는 글들만 6개월 이상 꾸준히 읽어도 절반은 성공한 것이다. 다양한 양질의 정보를 꾸준히 접하는 것은 성공 투자의 초석이 되기 때문이다. 요즘은 유튜브나 팟캐스트 방송을 듣는 사람이 많은데, 텍스트가 익숙하지 않은 독자라면 이를 이용하는 것도 좋은 방법이다.

부자와 관련된 인터넷 사이트

[카페]

- 월급쟁이 부자들   cafe.naver.com/wecando7
- 북극성 부동산 재테크   cafe.naver.com/polarisauction
- 다꿈스쿨   cafe.naver.com/dreamagainschool
- 월천 재테크   cafe.naver.com/1000tech
- 붇옹산의 부동산 스터디   cafe.naver.com/jaegebal
- 행복 재테크   cafe.daum.net/happy-tech
- 텐인텐   cafe.daum.net/10in10

[블로그]

- 젊은부자마을   blog.naver.com/from28ksy
- 빠숑의 세상 답사기   blog.naver.com/ppassong
- 투에이스의 부동산 절세 이야기   blog.naver.com/tbank
- 부의 디스커버리 렘군   blog.naver.com/biboi99
- 채작가의 블로그   blog.naver.com/acasawa
- 서울휘's 부동산클라우드   blog.naver.com/sybangse

[팟캐스트 및 유튜브]

- 빠숑 팟캐스트
- 월급쟁이 부자들 팟캐스트
- 채상욱의 부동산 펀더멘탈
- 단희쌤 유튜브

부자가 되고 싶다면 꼭 봐야 하는 필독서

- 《돈의 역사》, 홍춘욱 지음, 로크미디어
- 《진보와 빈곤》, 헨리 조지 지음, 현대지성
- 《앞으로 5년 대한민국의 미래》, 최윤식 · 최현식 지음, 지식노마드
- 《부동산 절세의 기술》, 김동우 지음, 지혜로
- 《마흔의 돈 공부》, 이의상 지음, 다산북스
- 《백만장자 메신저》, 브렌든 버처드 지음, 리더스북
- 《허브 코헨, 협상의 법칙》, 허브 코헨 지음, 청년정신
- 《4차 산업혁명, 강력한 인간의 시대》, 타일러 코웬 지음, 마일스톤
- 《오윤섭의 부동산 가치투자》, 오윤섭 지음, 원앤원북스
- 《대한민국 부동산 사용설명서》, 김학렬 지음, 에프엔미디어
- 《오를 지역만 짚어주는 부동산 투자 전략》, 채상욱 지음, 위즈덤하우스
- 《비즈니스 협상론》, 손범수 · 김병국 지음, 유미디어드림
- 《위대한 나의 발견 강점혁명》, 톰 래스 · 도널드 클리프턴 지음, 청림출판
- 《나는 부동산과 맞벌이한다》, 너바나 지음, 알키
- 《그릿》, 앤절라 더크워스 지음, 비즈니스북스

기술의 발전으로 재테크에 대한 정보가 쏟아지는 시대다. 수많은 정보 속에서 진짜를 가려내는 통찰력을 기르는 것도 중요하지만 일단 실행하는 것이 답이다. 좋은 강의, 좋은 정보는 매우 중요하지만 실행하지 않는 지식은 무용지물이다. 실행을 통해 얻은 경험과 지식은 책과 강의로는 결코 얻을 수 없을 만큼 값지다. 대신 가상화폐, 장외주식 등 위험천만한 투자보다 안정적인 부동산 투자와 달러 투자에 집중하자. 이 책을 정독하는 것만으로도 독자들은 정보의 홍수 속에서 제련된 좋은 정보들을 흡수할 수 있을 것이다.

부자는 절대
'이것'을 하지 않는다

자산이 꼭 돈만을 의미하는 것은 아니다

자산 증식의 가장 큰 수단은 부동산과 금융이다. 그러나 자산이 꼭 돈만을 의미하진 않는다. 자신만의 경험과 인맥, 시간, 주변 평가들도 자산이라 할 수 있다. 미국의 베스트셀러 저술가이자 경영 컨설턴트로 활약하고 있는 데이지 아킹베이드(Deji Akingbade)는 자산을 키우기 위한 몇 가지 방법과 함께 어떤 부류가 부자가 되기 힘든지 언급했다. 다음에 소개하는 내용을 읽어보고 나는 어떻게 살고 있는지 생각해보자. 삶에 대한 자신의 자세를 성찰하고, 부자가 되는 마인드를 장착하는 독자가 되길 바란다.

첫째, 부자는 자신보다 나은 사람과 어울린다

자기계발에는 전혀 관심이 없고, 옷을 쇼핑하는 데 많은 시간을 할애하고, 일과 전혀 관련이 없는 취미생활을 하고, 배울 점이 많은 사람보다 헬조선을 탓하는 가난한 사람들과 어울리는 것을 좋아하는 사람은 생산적인 사람이 아니라 소비적인 사람이다. 그들은 부자들의 말을 경청하기보다 자신의 이야기를 들어줄 사람을 찾는다. 부자들에게 고개 숙이고 부자의 말을 경청하는 것은 자존심 상하는 일이라 생각한다. 반면 부자는 항상 자신보다 나은 사람들과 어울리는 것을 좋아한다. 자신보다 부자라면 그들은 더 많은 정보를 알고 있을 테고, 분명 배울 점이 많을 것이라 생각하기 때문이다.

둘째, 부자는 선택과 집중을 한다

부자는 일의 경중을 알고 우선순위를 정확하게 정하고 실행한다. 반면 빈자는 원하는 것이 너무 많아 어느 것에도 집중하지 못한다. 정말 원하는 일 열 가지를 적은 뒤 점수를 매겨 세 가지를 선택하라. 나머지는 인생에서 그리 중요하지 않은 일이니 지워도 상관없다. 가장 중요한 세 가지에만 매진하라. 필자에게 가장 중요한 세 가지는 언제나 사람과의 생산적인 관계, 맡은 일에 대한 유능함, 경제적 자유다.

셋째, 부자는 자신이 원하는 것을 분명히 파악한다

마흔은 불혹이라 했거늘 마흔이 되어도 유혹에 쉽게 무너진다. 균형 잡힌 감정과 마음은 자존감과 유능함에서 비롯된다. 이 책을 읽는 독자가 여성이라면 아무리 돈 많은 남성이 앞에 서 있어도 흔들리지 않아야 진정한 사랑을 얻을 수 있다. 이는 스스로 자존감이 높고 유능할 때 가능한 일이다. 자신이 원하는 것과 원하지 않는 것을 분명히 파악하고, 원하는 것에만 시간을 할애하며 단순하게 살아라. 필요한 것에만 시간과 돈을 사용하라. 그래야 마음의 여유가 생기고, 돈이 쌓인다.

넷째, 부자는 주위 평판의 중요성을 알고 있다

현대 사회에서 평판은 돈과 비례하는 자산이다. 인터넷과 SNS가 발달해 나쁜 짓을 하거나 저열한 수법으로 성공하기는 어렵다. 금방 들통이 나기 때문이다. 고위직이라 해도 부도덕한 행동을 하면 극심한 비난을 받는다. 처신을 잘못하면 사회에서 매장되는 건 한순간이다. 어디에서든 항상 정직하고 겸손하라.

다섯째, 부자는 모든 일을 혼자 하려고 하지 않는다

나에게 하루 동안 주어진 시간은 24시간이다. 5시간만 자도 밥 먹는 시간을 제외하면 일에 집중할 수 있는 시간은 17시간 정도다. 그 시간 동안 초집중하기는 사실 어렵다. 필자는 이 책을 집필하며 하루 최장 15시간을 책상 앞에 앉아 있었지만 평생 그렇게 살라고 하면 책 쓰는 일을 포기하겠다. 그만큼 힘든 작업이다.

한 사람이 모든 것을 잘하기는 어렵다. 내가 잘하는 일에 더 집중하고, 부족한 부분은 위임하라. 나보다 나은 후배도 양성하고, 제자도 만들고, 다른 직원에게 일을 부탁하라. 다른 사람에게 나의 부족한 부분을 맡기고 채우게 하는 것은 상생의 첫걸음이다.

여섯째, 부자는 사람을 귀하게 여긴다

부자들은 사람을 급으로 나누고 너와 나는 급이 다르다고 이야기하는 가엾은 중생들을 가까이에 두지 않는다. 남을 깎아내리면 본인의 급이 올라간다고 착각하는 졸렬한 험담가들을 멀리한다. 그리고 관계에서도 참과 거짓을 구분하는 내공을 쌓고, 진실하지 못한 관계는 과감하게 정리한다.

우리는 인연을 맺음으로써 도움을 받기도 하지만, 때로는 피해를 당하기도 한다. 그 모든 피해는 진실하지 않은 사람에게 진실을 쏟아부음으로써 생긴다. 옷깃만 스쳐도 인연으로 만드는 것은 지나치게 소모적인 일이다. 그 시간에 강의를 더 듣고, 스스로 실력을 쌓고, 책 한 권 더 읽고, 투자 멘토를 만들고, 동기를 만들어라.

모든 것은 나에게서 기인한다. 일도, 사랑도, 가족의 행복도, 친구와의 우정도 내가 만드는 것이다. 남을 평가할 시간에 자신을 평가하라. 남의 주제를 파악할 시간에 자신의 주제부터 파악하라. 부자는 남을 험담할 시간에 자신을 돌아본다. 대가를 치르지 않고서는 아무것도 얻을 수 없다. 부자는 찰나가 아닌 전 일생을 통해 어떤 것이 얻는 것이고, 어떤 것이 잃는 것인지 가려내는 통찰력을 가지고 있다.

재테크만큼 중요한
우(友)테크

인적 네트워크를 쌓아라

바야흐로 '우테크' 시대다. 《NQ로 살아라》의 저자 김무곤 교수는 IQ보다 'NQ(Network Quotient, 공존지수)', 즉 다른 사람과 더불어 살아가는 능력이 더 중요하다고 주장한다. 필자 또한 항상 주장하는 바이지만 주변에 스스로 부를 일군 분들을 보면 정말 약속이나 한 듯 겸손하고 사람을 귀하게 여긴다. 간혹 사람이 먼저라고 주구장창 떠들지만 실제로 그 안에 시커먼 속내를 가진 사람도 있으니 주의하자.

—— 위기를 기회로 바꾸는 부의 공식

필자의 예를 들어보겠다. 필자는 똑 부러질 것 같은 겉모습과 달리 마음이 약해 거절을 잘 하지 못하는 성격이다. 어지간하면 부딪히지 않으려 양보하고 배려하는 습관이 있다 보니 이를 이용하려는 지인들이 몇 있었다. 스스로 '나는 친구 복이 없나?'라고 생각할 정도였다.

이후 필자는 에너지를 갉아먹는 지인들을 모두 정리하고 그 시간에 새로운 사람을 만나고, 모임에 나가 총무를 맡고, 꾸준히 관계를 유지했다. 그러자 놀라운 일들이 일어나기 시작했다. 일반 사람들은 만나기 힘든 위치에 있는 분들과 인연이 닿아 교류하고, 친구가 되었다. 그분들은 아무런 이해관계 없이 필자를 도와주고, 좋은 사람들을 소개해주고, 필자의 삶에 아낌없는 조언을 해주었다. 필자는 스스로 기적이라고 할 만큼 멋진 인적 네트워크를 만들어 나가고 있다.

친구를 만드는 데 있어 남녀노소를 가리지 마라. 필자의 경우, 사회에서 동갑내기를 만나는 게 쉽지 않았다. 동갑만이 친구가 될 수 있다는 편견을 버려라. 예의 바르고 성품이 좋다면 주변 사람들로부터 좋은 인연을 소개받을 수도 있다. 필자는 한 모임에서 그룹사 임원분과 친분을 쌓고 약간의 도움을 드린 덕분에 일반인들은 상상하기 힘든 규모의 프로젝트를 의뢰받은 적이 있다. 그러한 프로젝트를 진행하는 것 자체만으로 필자에게는 큰 경험이었고, 스스로의 능력을 시험하고 생각의 크기를 넓힐 수 있는 계기가 되었다. 그보다 더 큰 규모의 프로젝트를 의뢰받을 일은 거의 없기 때문에 필자는 그 어떤 프로젝트를 맡더라도 의연하게 업무를 수행할 경험치를 쌓을 수 있었다.

한 사람의 인생을 배우는 과정

재테크를 위한 공부도 좋지만 그 시간을 적절히 나눠 좋은 친구를 만드는 데 사용하라.

'사람이 온다는 건 실은 어마어마한 일이다. 그는 그의 과거와 현재와 그리고 그의 미래와 함께 오기 때문이다. 한 사람의 일생이 오기 때문이다.'

정현종 시인의 시 〈방문객〉의 일부다. 한 사람이 내 친구가 된다는 것은 그의 모든 것, 즉 그의 인생이 오는 것이다. 특히나 그가 당신보다 성공했거나 경험이 많고 똑똑하다면 그에게서 배우고, 당신의 경험을 나누어라. 그럼 당신의 경험치는 배가 아니라 제곱이 될 것이다.

좋은 사람에게는 사람이 모인다

당신 또한 좋은 친구가 되기 위해 매력을 잃지 마라. 단정한 외모는 기본이고, 좋은 대화 상대가 되어 적당한 유머를 구사하려면 다방면으로 넓고 얕은 지식 정도는 갖추고 있어야 한다. 좋은 인상은 외모뿐 아니라 말투와 지적 수준으로도 결정된다.

앞서 이야기했듯 친구를 만드는 데 있어 남녀노소를 구분하지 마라. 부자들은 유연하고 관대한 사고를 가지고 있다. 친구를 만드는 데 나이와 성별이 중요하다는 그 어떤 논리와 근거를 본 적이 없다. 누구나 친구가 될 수 있다. 나보다 어리다면 젊은 감성을 느낄 수 있고, 나보다 나이가 많다면 조언을 들을 수 있으니 금상첨화다.

열린 마음과 겸손한 마음으로 사람을 대하고, 남이 하기 싫어하는 일을 도맡아 한다면 몇 년 안에 당신 주변에는 당신을 도와주려는 친구들이 가득할 것이다. 한 가지 조언하면, 남성이든 여성이든 모든 관계를 남녀 관계로 바라보는 우를 범하지 않길 바란다.

부자들은 사람을 귀하게 여긴다고 이야기했다. 대부분의 부자는 돈을 쫓기보다 자기 사람을 만드는 노력을 함으로써 부자가 되었다. 돈을 좋아하되, 돈이 목표가 되어서는 안 된다. 목표를 돈에 두면 종국에는 사람을 잃게 된다. 주변 사람에게 밥 한 번 대접하지 않는 자린고비를 도우려 하는 사람은 많지 않을 것이다. 한 사람이 온다는 것은 그 사람의 인생이 오는 것임을 잊지 마라. 한 사람을 얻음으로써 그 사람의 과거, 현재, 미래를 동시에 얻을 수 있다. 나 아닌 다른 사람의 인생을 통해서도 상상할 수 없이 많은 것을 얻을 수 있음을 명심하라.

부자 멘토 이지윤의 우테크 십계명

1. 남의 허물에 관심 갖지 마라(너만 잘하면 이 세상은 아름다워진다).
2. 외모만 가꾸지 말고 뇌도 함께 가꿔라(외모는 찰나이지만 대화는 평생이다).
3. 호기심을 잃지 마라(상대에 대한 관심, 순수한 마음을 잃지 마라).
4. 결론을 보려 하지 마라(사생결단하는 습관은 인간관계를 지치게 만든다).
5. 웬만하면 '예스'를 외쳐라(오는 기회는 무조건 잡는 게 좋다).
6. 따지지 마라(주위를 피곤하게 만드는 습관이다).
7. 적당선에서 만족하라(세상에 100%는 없다. 순금도 99%다).
8. 모임에서 총무를 맡아라(사람들과 연락하기에 아주 좋은 위치다).
9. 스스로 부족한 것을 인정하라(성장은 자신을 인정하는 데서 시작한다).
10. 입은 닫고 지갑은 열어라(더 많이 베풀수록 돌아온다).

—— 위기를 기회로 바꾸는 부의 공식

하나를 보면 열을 안다, 신뢰는 곧 돈이다

사회적인 신뢰가 비용을 절감한다

인적이 드문 한 주택가에 건물이 하나 있다고 가정하자. 그 건물 1층 상점 쇼윈도에 누군가가 돌을 던져 유리창이 깨져 있는 것을 우연히 보았다. 그런데 다음 날에도 유리창이 그대로 방치되어 있다면 어떤 생각이 들겠는가? '이 건물 주인은 왜 건물 관리를 하지 않는 거지?', '이 건물은 관리인이 없나?' 하는 생각이 들 것이다. 그리고 괜히 한 번 다가가 그 유리창에 돌을 던지고 싶은 충동이 가슴속에 스물스물 차오른다. 그래도 괜찮을 거라는 도덕적 해이

(moral hazard)가 나도 모르게 생긴 것이다. 이런 상태가 방치된다면 다른 사람들에게도 같은 마음이 전달되어 무법천지 상태에서 그 동네 모든 유리창이 깨질 수도 있다. 범죄심리학에서는 이를 '깨진 유리창의 법칙(Broken Windows Theory)'이라고 한다.

세계가치관조사(World Value Survey)는 2005부터 2006년까지 세계 각국에서 '당신의 이웃을 얼마나 믿습니까?'라는 질문으로 조사를 진행했다. 조사 결과, 한국인은 10명 중 3명만 '그렇다'고 대답해 이웃을 거의 믿지 않는 것으로 나타났다. 하지만 우리는 타인에게 신뢰를 쌓음으로써 사회적 비용을 줄일 수 있고, 스스로의 노력으로 더 많은 기회를 만날 수 있다.

1980년대 중반 뉴욕 시를 예로 들어보겠다. '깨진 유리창의 법칙'은 뉴욕 시를 변화시켰다. 1994년 뉴욕 시장으로 당선된 루돌프 줄리아니(Rudolf Giuliani)는 당시 범죄의 발원지와 같았던 뉴욕 지하철의 모든 낙서를 지우도록 지시했다. 시민들은 강력 범죄가 빈발하는데 고작 낙서를 지우는 것에 세금을 쓰냐며 시장을 맹렬히 비난했다. 낙서는 지워도 지워도 끝이 없었다. 지하철 내의 모든 낙서를 지우는 데 수년의 시간이 소요됐다. 그런데 신기한 일이 벌어졌다. 낙서를 지운 지 석 달 만에 범죄율이 감소하기 시작하더니 1년 후에는 30~40%, 2년 후에는 50%, 3년 후에는 무려 80%가 감소했다. 강력 범죄자를 소탕하러 다닐 인력과 세금으로 낙서를 지우고 신호 위반, 쓰레기 투척과 같은 경범죄를 강하게 단속하니 강력 범죄까지 줄어드는 효과가 나타난 것이다. 깨끗한 도시에는 범죄가 일어나지 않을 거라는 사회적인 신뢰가 범죄 감소로 이어졌고, 이로 인해 엄청난 비용 절감 효과가 나타났다.

하나라도 잘하라

'하나를 보면 열을 안다'라는 속담이 있다. 좀 더 학문적인 표현으로는 '환원주의(reductionism)'라고 한다. 이는 그 사람의 행동 하나에는 그 사람 전체가 축약되어 있다는 의미다. 깨끗한 도시에는 범죄가 일어나지 않을 거라는 사회적인 신뢰와도 일맥을 이루는 부분이다.

동료들과 워크숍을 갔을 때나 친구들과 여행을 갔을 때를 생각해보라. 허드렛일, 궂은일을 절대 하지 않으려 뺀질대는 사람이 꼭 있다. 그 사람의 생각이나 마인드가 뻔히 눈에 보이지 않는가? 이런 사람들은 가까이에 두지 말아야 한다. 어딜 가든 눈치를 보며 본인에게 이득이 되는 상황에서만 움직이는 기회주의자일 가능성이 크다. 굳이 논리와 근거를 들이밀지 않아도 이런 부류는 남의 뒤통수를 치는 경우가 많다.

이 세상에는 정말 많은 계산법이 있다. '1+1=2'는 유클리드 계산법이다. 에디슨은 '1+1=1'이라고 했다. 물방울과 물방울이 더해지면 합체가 되어 하나가 되기 때문이다. 시너지 효과를 중시하는 사람들은 '1+1=3'의 효과를 낸다고 주장하기도 한다. 깨진 유리창의 법칙에서는 '100-1=0'이라고 주장한다. 부서진 자동차 하나가 그 지역과 주변 지역까지 우범 지역으로 만들기 때문이다. 그러나 인간관계에서의 계산법은 다르다. 신뢰를 쌓고 사소한 배려를 함으로써 '100+1=300'의 결과를 만들 수 있다는 것을 명심하자.

베풀며 살아라

우리는 남에게 베풂으로써 빠른 시간 내에 신뢰를 쌓을 수 있다. 누군가가 나에게 무언가를 베푸는 것은 자신의 것을 기꺼이 내어준다는 의미다. 우리는 나를 위해 본인의 것을 내어주는 사람이 나에게 피해를 끼치고 악행을 저지를 거라고 생각하지 않는다. 적어도 나에게만큼은 피해를 주지 않으리라는 신뢰를 쌓을 수 있게 되는 것이다.

예를 들어보자. 나는 클라이언트로 1억 원짜리 공사를 누군가에게 맡겨야 하는 상황이다. 시공자는 둘인데, 두 사람 모두 같은 모임에서 만났고, 실력이나 사업 규모는 비슷하다. A는 예의가 바르고, 매너가 좋으며, 모임 사람들을 위해 많이 베풀고, 기부도 하는 사람이다. B는 태도가 건방지고, 사람을 무시하는 말투를 사용하며, 베풀기는커녕 얻어먹기만 하는 사람이다. 그렇다면 당신은 1억 원짜리 공사를 누구에게 맡길 것인가? 결론이 너무 뻔하지 않은가? 예의 바르고, 남에게 잘 베푸는 A는 공사비로 사기를 칠 가능성이 낮다는 신뢰를 갖게 했다. 반면 태도가 건방진 B는 베풀지 않음으로 인해 나의 것을 빼앗고 본인의 욕심만 차릴 수 있다는 인식을 갖게 했다. A에게 공사를 맡기고 싶은 마음이 드는 것이 당연하다.

필자가 가장 좋아하는 불경 《잡보장경》의 무재칠시에 입각해 인간관계 속에서 신뢰를 쌓아보자. 돈이 없어 베풀지 못한다는 핑계는 대지 마라. 우리는 베풂으로써 300배의 효과를 거둘 수 있다.

돈 없이도 베푸는 일곱 가지 방법

언시: 사랑의 말, 칭찬의 말, 위로의 말 등으로 베풀어라.

화안시: 부드러운 얼굴, 웃는 얼굴로 남을 대하라.

좌시: 때와 장소에 맞게 나의 자리를 기꺼이 양보하라.

신시: 무거운 것을 들어주거나 일을 돕는 등 몸으로 베풀어라.

심시: 마음의 문을 열고 따뜻한 마음을 베풀어라.

안시: 호의를 담은 눈으로 사람을 보는 것처럼 눈으로 베풀어라.

찰시: 굳이 묻지 말고 상대의 마음을 헤아려 알아서 도와주어라.

남의 일에 관심 가질 시간에 자신을 성찰하고 실력을 쌓아라. 절대 거짓말을 하지 않고 순수하다고 정평이 나 있는 필자의 지인은 작은 설계 사무실을 운영함에도 신뢰 하나로 500억 원짜리 공사를 수주했다. 신뢰를 쌓은 필자 역시 일일이 기술하기 어려울 정도로 주변에서 많은 도움을 받고 있다. 주변에서도 어려운 사람을 도와주었다가 뜻밖의 행운이 왔다는 이야기가 심심찮게 들린다. 인간관계에서 신뢰를 쌓는 것은 '100+1=300'이 되는 남는 장사임을 명심하라.

당신의 가난은
당신 탓이 아니다

일할수록 가난해진다

'더 많은 노동이 더 많은 부를 가져다줄 것이라는 착각의 대가'
라는 부제를 달고 나온 책이 있다. 바로 피터 플레밍(Peter Fleming)
의 저서 《호모 이코노미쿠스의 죽음》이다. 호모 이코노미쿠스는
말끔하게 차려입고, 끊임없이 부를 축적하기 위해 노력하는 우리
의 자화상이라 할 수 있다. 시장경제를 살아내기 위해 훈련된 인격
체, 자본주의 체제에 최적화된 인간, 부연하자면 오로지 돈에 의해
판단되고 계산되는 사람이다. 이 경제적인 인물은 외관상으로는

아주 능동적이고 합리적인 인간으로 포장되어 있지만 실상은 자본가를 위한 노동자에 불과하다. 호모 이코노미쿠스는 열심히 일하지만 일할수록 가난해지는 우리의 현실을 그대로 보여주고 있다.

지니계수로 보는 대한민국의 양극화

IMF는 우리에게 큰 교훈을 남겼다. 급성장한 경제는 많은 부작용을 낳았다. 우리나라 국민은 무분별한 시장 개방과 정부의 오판으로 빚어진 참사를 겪었지만 뼈를 깎는 구조조정과 국민 화합으로 위기를 극복했다. 그렇다면 IMF를 이겨낸 국민들의 삶은 과연 좋아졌을까? OECD의 지표를 살펴보면 우리나라는 회원국 중 멕시코에 이어 두 번째로 일을 많이 하고 있다. 하지만 양극화를 나타내는 지표들은 IMF 이후 급등했다.

소득 5분위 배율과 지니계수를 살펴보자. 소득 5분위 배율은 최상위 20%의 평균 소득을 최하위 20% 평균 소득으로 나눈 수치를 말한다. 이 수치가 급등할수록 최상위 소득이 하위 소득보다 높다는 것을 의미한다. 지니계수 역시 마찬가지다. 지니계수는 소득이 균등하게 분배되는지를 알려주는 지표로 0에 가까울수록 평등을, 1에 가까울수록 불평등을 나타낸다.

―위기를 기회로 바꾸는 부의 공식

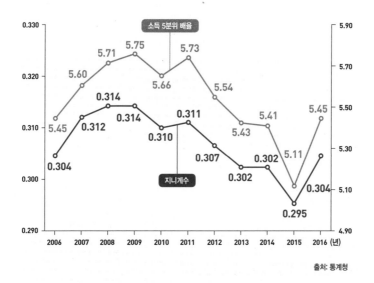

■ 2006~2016년 소득분배지표 추이

출처: 통계청

    기업과 가계의 소득은 더욱 심각하다. 금융위기를 겪은 후 가계 총소득과 기업 총소득 모두 증가했지만 기업 총소득의 증가율은 고공 상승 중이다.

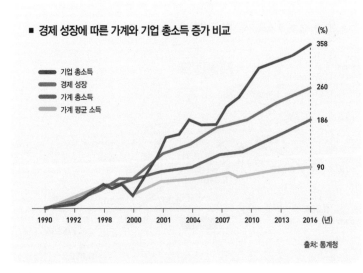

■ 경제 성장에 따른 가계와 기업 총소득 증가 비교

기업 총소득
경제 성장
가계 총소득
가계 평균 소득

(%)
358
260
186
90

1990 1992 1998 2000 2001 2004 2007 2010 2013 2016 (년)

출처: 통계청

국가는 개인을 보호하지 못한다

고도의 성장을 이룬 1984~1995년에는 기업과 가계의 소득 격차가 거의 없었다. 동 기간 국민소득은 연평균 9% 이상 성장했고, 기업소득은 7.5%로, 오히려 가계소득이 더 높았다. 하지만 1997년을 기점으로 경제 주체는 기업으로 이전됐다. 모든 고통을 감내한 국민소득이 기업소득보다 낮아지기 시작한 것이다. 추운 겨울을 견딘 매화의 진한 향기가 고스란히 기업에게 돌아간 것이다. 국민소득 증가율은 연평균 9%에서 IMF 때는 4.8%로 하락했고, 2008년 이후에는 2.9%로 지속적으로 하락했다. 가계소득의 2%대 증가는 물가상승률을 감안한다면 실질소득이 감소한 것을 의미한다. 동기간 기업의 법인세는 20% 늘어났다. 그러나 가계의 세금은 38%로, 거의 2배 가까이 증가했다. 이는 무엇을 의미하는 것일까? 소득은 2%대로 늘었는데, 세금은 2배 가까이 증가했다. 우리의 주머니가 얇아지는 이유가 여기에 있다.

소득 분배 악화는 세계화와 공공정책 때문에 발생한다. 최저임금 인상은 전체 고용 인구의 5분의 1을 차지하는 자영업에 가장 큰 타격을 주었다. 신자유주의적 자본주의에 '파괴의 경제학'이라는 말이 있다. 파괴의 경제학은 도덕성이 없는 엘리트들이 주도하는 체제다. 그들은 "일자리를 만들 테니 열심히 일하면 너희도 부자가 될 수 있다"라고 말한다. 그러나 그들은 막강한 힘을 지닌 권력가와 정치가들의 보호하에 공공 영역에서 이익을 창출하고 피를 빨아먹는 데 혈안이 되어 있다. 심지어 태양까지 팔아먹을 기세다.

우리나라에도 국영기업이 민영화가 된 사례가 매우 많다. 국정교과서, 종합기술금융, 대한송유관, 한국종합화학, 한국중공업, 한국통신, 담배인삼공사 등이 IMF 때 한꺼번에 민영화되며 강도 높은 구조조정을 겪었다. 최근에는 의료 민영화까지 대두되고 있는 실정이다. 그나마 저렴하게 받을 수 있었던 의료보험 혜택이 기업에게 넘어가면 진료비 상승은 불을 보듯 뻔하고, 국민의 절반은 의료 혜택을 받지 못할 수도 있다.

기업은 이윤을 추구하는 집단이다. 근로자, 공동체의 이익까지 존중해주는 기업은 없다. 현재는 그들이 지배하는 신자유주의적 자본주의 체제다. 〈글로벌 자산 보고서〉에 의하면 세계 1%가 전 세계 부의 50%를 가지고 있다고 한다. IMF 이후 소득 격차가 더욱 커진 것은 기업이 돈과 힘으로 모든 것을 독식하는 '파괴의 경제학' 때문이다.

기업은 회계 장부를 조작하고 수십조 원의 손실을 내도 정부가 막아준다. 대우조선해양 사건이 대표적인 예다. 1대 99로 살아야 하는 우리는 열심히 일해야 하지만 노동만으로는 부를 축적하기 어렵다. 많이 벌수록 더 많은 세금을 내야 한다. 그 돈은 다시 기업으로 흘러들어간다. 자본주의는 이렇듯 불공정하다. 공정거래위원회에 제소하고 싶지만 그들도 내 편은 아니다.

이제 노동만으로는 부자가 될 수 없다는 사실을 깨달았을 것이다. 우리는 노동소득을 통해 수동소득을 만들어내야만 한다. 우리나라의 소득 분배 악화 속도는 OECD 회원국 중 거의 독보적이다. 우리는 현재 사회보험료까지 합쳐 27.8%의 세금을 내고 있다. 현재 내는 세금도 높은데 정부는 OECD 회원국보다 국민부담률이 낮다는 핑계로 34%까지 세금을 올리려 하고 있다.

──── 위기를 기회로 바꾸는 부의 공식

자신의 울타리는 스스로 만들어라

우리의 노후를 책임질 든든한 울타리는 스스로 만들어야 한다. 정부도, 기업도, 자식도 내 노후를 책임져주지 않는다. 기업은 비가 올 때 정부가 부모 역할을 해준다. 법인세율을 깎아주고, 일반 가정보다 저렴하게 전기를 사용하도록 지원해주고, 가계부채는 규제하지만 기업에겐 지갑을 연다. 돈 많은 부모가 자식들에게 무이자로 자금 지원을 하는 것처럼 말이다.

이 책을 읽는 독자들은 정부 같은 부모가 있는가? 어려울 때 자금 지원을 해주는 부모가 있는가? 당신은 금수저인가? 만약 그렇다면 이 책을 집어 들지 않았을 것이다.

나의 인생을 끝까지 책임져줄 울타리가 없다면 투자를 해야 한다. 이제 투자는 필수다. 투자 없이는 미래도 없다. 월급만으로는 절대 부자가 될 수 없다. 티끌이 태산이 되는 길은 오로지 투자라는 것을 명심하자.

3부

부자의 금융

불황에 강한
해외 금융 투자

불황에는
미국에서 답을 찾아라

달러가 위대한 이유

미국은 어떻게 오랫동안 패권을 유지해 지금의 위상을 얻을 수 있었을까? 이에 대한 답을 얻으려면 미국이 세계 경제를 지배하게 된 과정을 필연적으로 알아야 한다. 미국을 알면 세계 경제 흐름이 보이고, 미국의 달러가 왜 백년대계(百年大計)인지 알 수 있다. 막강한 권력을 가지고 있는 미국에 대해 알아보는 것은 달러가 왜 막강한 힘을 유지하고 있는지 알아보는 척도가 될 것이다.

부자가 되고 싶은가? 부자 부모를 둔 사람과 흙수저는 분명 출발 선상이 다르다. 그러나 실망할 것 없다. 부자를 연구하고 부자를 따라 함으로써 부자가 될 수 있듯, 미국을 연구함으로써 달러에 투자하는 당위성을 찾고, 미국에 의해 좌지우지되는 세계 경제를 알고, 경제위기가 닥쳤을 때 부자가 되는 기회를 잡을 수 있다.

미국의 지정학적 이점

우리나라에는 산세(山勢)와 지세(地勢), 수세(水勢) 등을 판단해 이것을 인간의 길흉화복(吉凶禍福), 더 나아가 나라의 흥망성쇠와 연결시키는 풍수지리설이 있다. 조상의 묘를 잘못 쓰면 자손에게 해로울 수 있다고 해 명문가나 재벌가에서는 지관을 불러 명당을 골라 조상의 묘를 쓰기도 한다. 이렇듯 동양에서 중요하게 여기는 풍수지리에 대입해도 미국은 지정학적으로 굉장히 유리한 나라다. 미국의 지도를 살펴보자.

■ 미국의 지도

출처: einfon.com

나라가 강대국으로 성장하는 데 있어 지정학적으로 유리한 위치에 있다는 것은 절반을 이기고 들어가는 것과 다름없다. 국가가 존립하기 위해서는 외부로부터 침입이 쉽지 않아야 하고, 내부에서는 운송이 원활해야 한다.

미국의 국경지대는 대부분 높은 산으로 이루어져 있어 외부 침입이 어렵고, 일부는 바다와 연결되어 있어 독특한 완충 역할을 하고 있다. 지도를 통해 알 수 있듯 미국 내부는 미시시피 강의 많은 지류로 인해 운항이 용이하다. 미시시피 강은 배가 다닐 수 있는 강 중 세계에서 가장 길다. 멕시코에서 시작되어 미네소타 주 트윈

시티까지 장장 2,100마일에 달한다. 이는 거대한 다뉴브 강보다 3분의 1이 더 길고, 유명한 라인 강의 3배에 달하는 길이다.

미국에는 미시시피 강을 제외해도 운항이 가능한 강이 11개나 더 있다. 이 강들은 대부분 미국의 온난한 기후 지역에 위치해 있다는 장점이 있고, 강들의 길이를 모두 합치면 무려 14,650마일에 달한다. 미국을 위협한다는 중국은 2천 마일, 프랑스는 1천 마일 정도의 수로를 가지고 있는 것과 비교하면 어마어마한 길이다. 아랍권은 모두 합쳐봐야 120마일에 불과하다. 미국이 가진 수로는 전 세계에 흐르는 수로를 합친 것보다도 길다. 정말 놀랍지 않은가.

미국은 자동차, 농산물, 위스키, 원유 등의 상품을 국내를 벗어나지 않고 매우 적은 비용으로 수로 망을 따라 각 지역에 운반할 수 있다는 장점이 있다. 미국의 지리적인 여건은 세계 최고의 소비 시장을 구축하는 데 큰 기여를 했다.

미국의 부의 시발점은 미시시피 강이다. 미국의 소비시장은 현재 소비시장 2~7위 국가인 일본, 독일, 영국, 프랑스, 중국, 이탈리아의 소비 기반을 합친 것보다 3배 이상 크다. 브릭스(brics, 브라질, 러시아, 인도, 중국, 남아프리카공화국)를 합친 것의 2배에 달하니 가히 넘사벽이라 할 수 있다.

미국은 수로도 세계 최강인데 토지도 막강하다. 미국의 토지는 미국을 강대국 위치에 올려놓은 가장 중요한 요인이다. 대부분의 지역이 위도 48도 아래에 위치해 온난한 기후 지역에 속한다. 사람이 거주하고 작물을 경작하기에 충분할 만큼 온화하지만 치명적인 병을 옮기는 곤충들의 서식을 제약할 만큼 서늘하기도 하다.

더 놀라운 것은 이러한 토지들이 수로와 거의 완벽하게 겹친다는 점이다. 미국 토지의 가치와 중요성은 몇 배로 증가할 수밖에 없다. 세계 최대 수로 망과 세계 최대 경작지를 가지고 있는 미국의 파워가 백년대계일 것은 자명해 보인다. 더 재미있는 것은 미국의 총인구 3억 1천 4백만 명 가운데 무려 2억 5천만 명 정도가 운항이 가능한 수로에서 150마일 이내에 살고 있다는 점이다.

지정학적으로 뛰어난 위치에 국가를 건립한 덕분에 생산성이 높고 많은 자본을 창출하는 미국은 물리적으로도 가장 안전한 곳에 위치해 있다. 북미에 위치한 미국은 영토 내에서는 이동이 자유롭지만 국경을 접하고 있어 위협이 될 수 있는 멕시코나 캐나다 중심부에서 미국 중심부로 들어가긴 어렵다.

또한 미국과 연결되어 있는 바다도 완충 역할을 한다. 바다를 건너 침략하려면 물자를 수송하는 데 어려움이 따른다. 세력이 절정에 달했던 나치도 20마일에 불과한 영국 해협을 건너기 어렵다는 이유로 영국 침공 계획을 접었으니 말이다. 그나마 힘을 가져 미국에게 위협이 되는 곳은 유럽인데, 미국까지의 최단 거리는 3천 마일에 이른다.

경제 인구가 풍부한 미국의 인구 구조

■ 선진국의 인구 구조(2015년 기준)

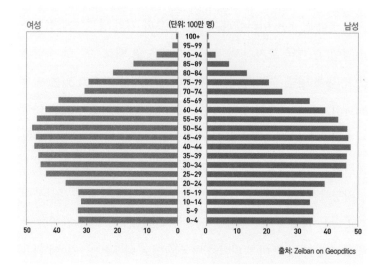

출처: Zeiban on Geopditics

　위와 같은 형태가 대부분의 선진국에서 나타나는 인구 구조다. 중국도 현재는 빠른 고령화로 선진국의 형태와 비슷한 인구 모형으로 가고 있고, 일본은 우리보다 더 빠른 고령화로 인해 밀집된 나이 분포도가 좀 더 위쪽으로 올라가 있다. 그러나 미국은 다르다. 미국의 인구 구조표를 살펴보자.

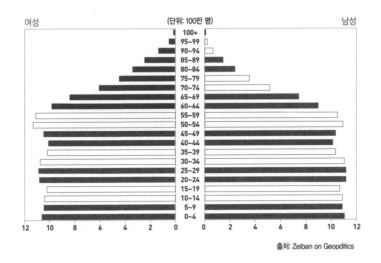

출처: Zeiban on Geopditics

미국은 세계에서 가장 잘사는 선진국이지만, 일반적인 선진국의 인구 모형과는 다르다는 것을 확인할 수 있다. 미국은 늙어가는 나라가 아니라 개발도상국인 인도와 비슷한 인구 구조를 가지고 있는 나라다. 미국 통계청에 따르면 미국의 인구는 1915년 1억 명, 1967년 2억 명, 2006년 3억 명을 넘어 2042년에는 4억 명에 육박할 것이라 예측하고 있다. 이는 시간도 세계에서 최고 강대국인 미국의 편이라는 뜻이다.

미국은 세계 최고의 부자이면서도 가장 젊다. 이는 막강한 힘을 가질 수 있는 노하우를 세계에서 가장 젊은 인구들이 고스란히 가지고 있다는 뜻이며, 앞으로의 성장 원동력이 풍부하다는 것을 의미한다. 과연 미국의 백년대계를 막을 자가 있을까?

석유를 지배하는 자가
세계를 지배한다

석유, 힘과 권력의 지름길

'석유를 지배하는 자가 세계를 지배한다'라는 말이 있다. 인프라가 거의 없던 중동의 여러 나라는 석유 하나만으로도 국가의 경제를 유지하고 돈이 남아돈다. 리비아에서 전국에 있는 모든 어린이에게 노트북 하나씩 선물하는 것은 우리나라 모든 어린이에게 노트 하나씩 선물하는 것과 같다. 사우디아라비아 황실에서는 엄청난 부정 축재를 함에도 불구하고 국민들은 관심이 없다. 나라에 돈이 넘쳐나기 때문이다.

달러도 힘이 세지만 석유는 그야말로 막강 파워다. 제2차 세계대전 이후 점점 가세가 기울던 영국이 다시 부강해지고, 고작 물고기를 잡으며 어업에 의존해 살던 노르웨이가 부강해질 수 있었던 것은 많은 돈을 들여 해양 탐사를 했고, 그로 인해 북해의 유전을 발견했기 때문이다.

2014년에 있었던 스코틀랜드 분리독립 찬반 투표에 대해 알아보자. 이 사건도 석유와 관련이 있다. 영국은 잉글랜드와 북아일랜드, 웨일즈, 스코틀랜드가 연합해 이룬 국가다. 민족도 켈트족, 앵글로색슨족으로 이루어져 있고, 각 나라의 자치권을 인정하고 있다. 스코틀랜드의 경우, 고유 언어도 가지고 있다. 각 나라마다 자신들의 문화에 대한 자존심 또한 매우 강하다. 다행히(?) 부결에 그쳤지만 스코틀랜드 분리독립 찬반 투표는 인근에 위치한 북해에서 생산되는 브렌트유의 이권 다툼이 가장 큰 원인이었다.

세계 유가의 기준이 되는 원유는 두바이유, 미국 서부 텍사스유, 북해산 브렌트유다. 유가지표의 기준이 되는 이 원유의 생산과 이권을 모두 가지려고 한 스코틀랜드의 욕심에서 비롯된 투표였던 것이다. 이렇듯 석유를 가진다는 것은 막강한 힘과 권력을 확보할 수 있는 지름길이다.

미국, 석유를 대체할 신(新)자원 셰일가스 최대 보유국

다시 달러 패권이 왜 유지될 수밖에 없는지 알아보자. FRED의
자료를 보면 최근 국제 유가는 과거에 비해 낮은 상태임을 알 수
있다.

- 2013~2019년 텍사스유 시세

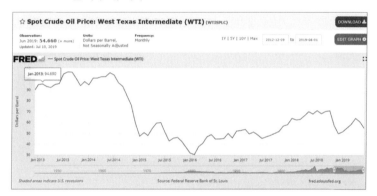

출처: FRED

- 2012~2019년 브렌트유 시세

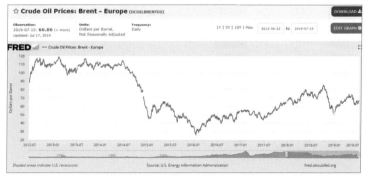

출처: FRED

세계 경제가 둔화되면서 소비가 주춤해진 것도 원인이지만 가장 큰 원인은 미국의 셰일가스 개발이다. 셰일가스는 오랜 시간 모래와 진흙이 축적된 퇴적암에 매장되어 있는 가스로, 그동안 기술적 제약 때문에 채굴이 어려웠지만 2000년 들어 추출 기술이 발전하며 생산량이 급증했다. 셰일가스는 유전에서 채굴하는 기존 원유와 화학적 성분이 동일해 석유의 대체재로 떠올랐다.

미국은 셰일가스 개발을 통해 막강한 힘을 자랑하고 독보적인 지위를 가지고 있던 OPEC(석유수출국기구)를 위협하고, 글로벌 원유시장의 새로운 강자로 부상하고 있다. 셰일가스는 미국, 러시아 등에 약 187조 4천억㎥ 매장되어 있는 것으로 추정되며, 이는 전 세계가 향후 60년간 사용할 수 있는 어마어마한 양이다.

■ 연간 셰일가스 생산량 순위(2017년 기준)

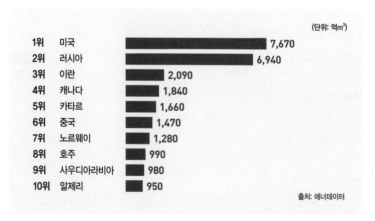

(단위: 억m³)

순위	국가	생산량
1위	미국	7,670
2위	러시아	6,940
3위	이란	2,090
4위	캐나다	1,840
5위	카타르	1,660
6위	중국	1,470
7위	노르웨이	1,280
8위	호주	990
9위	사우디아라비아	980
10위	알제리	950

출처: 에너데이터

2010년에 시작된 셰일혁명은 1970년의 전고점을 뚫으며 미국 역사상 최대 생산을 기록하더니, 2018년에는 사우디아라비아를 제치고 세계 최대 산유국에 등극했다.

미국의 제조업은 셰일가스 기술 개발로 다시 부상하고 있고, 많은 일자리를 만들어내고 있다. 제조업은 물론이고 산업 전반, 더 나아가 미국의 전체 경기에도 매우 긍정적인 영향을 미치고 있다. 미국의 천연가스 수출은 이미 순수출국으로 전환되었고, 2020년에는 석유 수입을 앞지르고 순수출국으로 전환될 것이다. 석유의 순수출을 이뤄내는 것은 미국 역사상 유래가 없는 일이며, 이로써 미국은 장기적인 호황을 누릴 수밖에 없다. 더 고무적인 부분은 아직 본격적인 생산도 하지 않았다는 점이다.

■ 미국의 셰일가스 생산량

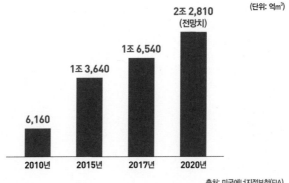

(단위: 억m³)

2조 2,810
(전망치)

1조 6,540

1조 3,640

6,160

2010년   2015년   2017년   2020년

출처: 미국에너지정보청(EIA)

■ 미국의 원유 생산 추이

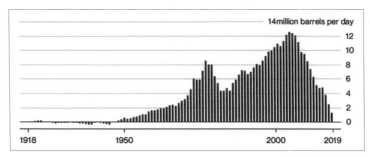

출처: 미국에너지정보청(EIA)

　이에 중동 산유국들은 석유 생산을 감산하는 것으로 셰일가스를 견제하고 있지만 서부 텍사스유 기준, 2011년 배럴당 113달러까지 갔던 국제 유가는 2019년 기준 반 가격인 60달러 정도에 거래되었다. 셰일가스 생산량이 많아질수록 유가는 장기적으로 하락할 수밖에 없다.

　국내 전체 수입 중에서 원유가 차지하는 비중은 35%다. 유가가 하락하면 높은 가격에 원유를 사들이던 기업의 생산 비용이 절감되고, 이는 투자로 이어진다. 또한 가계는 부담이 줄어드니 소비로 이어진다. 이렇듯 유가 하락은 우리나라 경제 전반에도 긍정적인 영향을 미친다.

　　　　　　　　　　　　　—— 위기를 기회로 바꾸는 부의 공식

막강한 미국에 투자하는 사람이 승자다

미국은 막강하다. 대응할 자가 없다. '석유를 지배하는 자가 세계를 지배한다'라는 말은 재차 강조해도 부족함이 없다. 미국은 기축통화인 달러를 가졌으며, 세계 최대 산유국이다. 또한 세계에서 가장 많은 금을 보유하고 있다. 달러를 마구 찍어 금 보유량을 늘릴 수도 있다. 미국은 알면 알수록 입이 떡 벌어지는 나라다. 미국에 대항할 자는 미확인 비행 물체에 탑승한 외계인밖에 없지 않을까? 그러나 미국은 미국항공우주국 NASA를 가지고 있다. 우리는 NASA의 연구 결과를 먼지만큼도 알지 못한다. 어쩌면 NASA는 그들과 협상을 모두 마쳤는지도 모른다.

부동산 투자는 나라 정책에 반기를 들지 말고 대응해야 한다. 금융 투자도 마찬가지다. 미국과 달러에 대응할 시간에 미국을 공부하고, 달러를 공부하라. 그것이 부자가 되는 지름길이다.

100년 안에 초강대국 미국을
이길 자는 없다

　왜 필자는 미국의 달러가 100년 이상 힘을 발휘할 거라고 주장하는 것일까? 개인적으로 미국을 동경하는 마음은 없으니 오해 없길 바란다. 단지 미국을 공부하고 달러에 투자함으로써 경제적 자유로 가는 지름길을 독자들에게 알려주고 싶을 뿐이다. 세상은 빠르게 변하고 있다. 상전벽해(桑田碧海) 중인 세상에서 지식은 절대적인 힘이라는 사실을 잊지 말자.

　　　　　　　　　　　— 위기를 기회로 바꾸는 부의 공식

미국의 역사로 살펴보는 100년 생존의 근거

우선 미국의 역사를 살펴보자. 1492년까지만 해도 지구는 네모 모양이라는 생각이 지배적이었다. 하지만 이에 의문을 품고 지구는 둥글다고 생각한 사람이 있었다. 그 주인공은 바로 크리스토퍼 콜럼버스(Christopher Columbus)다. 콜럼버스는 에스파냐에서 인도를 향해 항해를 시작했다. 이때 도착한 곳이 아메리카 대륙이다. 하지만 콜럼버스는 자신이 신대륙을 발견한 것도 모르고 죽는 날까지 그곳을 인도라고 믿었다.

당시 대영제국을 꿈꾼 영국은 막강한 힘을 가지고 있었다. 영국의 식민지 건설로 미국의 13개 주가 영국의 식민 지배하에 있었다. 그러나 영국의 욕심은 화를 불렀고, 과도한 세금으로 인해 독립전쟁이 일어났다. 1776년 7월 4일 미국은 독립선언을 했고, 그로 인해 미합중국이 탄생하게 되었다.

독립선언 이후 미국은 빠르게 성장했다. 하지만 노예제도를 둘러싸고 남북전쟁(1861~1865년)을 겪어야 했다. 남북전쟁은 노예들의 인권을 보호하기 위한 전쟁으로 알려져 있지만 실상은 그렇지 않다. 당시 큰돈이 되는 목화 농업을 하기 위해 노예가 필요했던 남쪽과 대규모 생산 공장이 들어서면서 많은 인력이 필요했던 북쪽의 이권 다툼으로 인한 것이었다. 종국에 에이브러햄 링컨

(Abraham Lincoln) 대통령이 지휘하는 북군이 승리를 거두며 노예제도는 폐지되었다.

제1차 세계대전 당시 미국은 중립을 지키려 했던 초심을 잃고 참전해 막강한 독일을 상대로 승리를 거둔 뒤 자본주의의 선두주자로 등극했다. 그러나 극심한 빈부 격차와 늘어나는 실업자로 인해 생산은 늘어난 반면, 소비가 줄어들어 경기가 침체되었다. 이를 '경제 공황'이라 칭한다. 이로 인해 자유방임주의를 고수하던 미국은 대규모 공공사업으로 일자리를 만드는 뉴딜 정책을 시행했다.

이때 제2차 세계대전이 발발했고, 일본의 진주만 침공에 분개한 미국은 다시 전쟁에 참전해 연합군의 승리를 주도했다. 제2차 세계대전은 침체기였던 미국 경제를 되살렸다. 전쟁에서 소비하는 막대한 물자와 인력으로 인해 경제 공황에서 빠르게 벗어나게 된 것이다.

제2차 세계대전이 끝나고 자유주의 국가인 미국과 사회주의 국가인 소련이 이념 대립으로 갈등을 빚었다. 두 나라는 자국의 영향력을 확대하는 과정에서 수없이 충돌했다. 그러나 인간의 기본적인 본성을 무시한 공산주의는 몰락하게 되었고, 소련은 결국 1991년에 해체되었다. 이로써 미국은 더 이상의 경쟁자가 없는 세계 최강국의 자리를 탈환하게 되었다.

── 위기를 기회로 바꾸는 부의 공식

미국이 커질수록 달러 수요는 증가한다

미국의 달러가 백년대계인 근거는 도처에 널려 있다. 앞서 '석유를 지배하는 자가 세계를 지배한다'라고 이야기했다. 미국은 이미 셰일혁명을 통해 세계 최대 산유국 자리에 올라섰다. 교역 규모가 커질수록 달러 수요는 증가한다. 각국의 중앙은행이 기축통화를 달러에서 유로화나 위안화로 전부 변경했다가는 낭패를 볼 수도 있다. 유통량이 적은 유로화나 위안화로 보유 자산을 관리하는 중에 가치가 하락하면 달러로 환전이 어렵기 때문이다. 유로화나 위안화는 달러에 비해 시장이 매우 작다. 이 경우, 보유하고 있는 자산을 헐값에 매각할 수밖에 없는 처지가 될 수도 있다. 경제 규모가 큰 나라일수록 외환보유고를 달러로 채워야 한다.

2011년 유럽 재정위기를 떠올려보자. 당시 유로화로 표시된 이탈리아 10년물 국채 가격은 연 3~4%였는데, 재정위기가 발생하고 1개월이 지나자 7%까지 상승했다. 이로 인해 유로화로 표시된 이탈리아 국채를 보유하고 있던 각국의 중앙은행은 불과 며칠 사이에 30% 정도의 손실을 봐야 했다. 경제 규모가 크고 유로화 자산이 더 많았다면 국가 기반을 흔들 수도 있는 수준의 손실이었다.

미국은 농업 대국이기도 하다. 최근 전 세계는 천재지변에 몸살을 앓고 있다. 2011년 일본에서는 엄청난 규모의 쓰나미로 인해 원자력 발전소에서 방사능이 누출되는 사고가 발생했다. 그로 인해 인근 지역의 농산물이 기형적으로 자라고, 수산물에 기형이 나타 났다는 보도가 심심찮게 나왔다. 일본의 천재지변이 무역수지를 31년 만에 적자로 만든 것처럼 지구 온난화에 기인한 이상 기후는 각국의 통화 가치에도 영향을 미칠 것이다. 천재지변으로 인해 브 라질, 인도, 중국 등 농업 비율이 높은 나라에서는 농산물이 크게 감소할 것이다. 반면 수요는 꾸준히 증가할 것이다. 제1, 2차 오일 쇼크를 통해 석유 파동이 경제에 어떤 영향을 미쳤는지는 47장 '장 단기금리차 역전이 가져온 위기들'에서 다루었으니 자세히 읽어보 기 바란다.

석유 파동은 셰일가스로 해결되지만 곡물 파동은 더 큰 재앙을 야기할 것이다. 의(衣)와 주(住)는 모자라도 살지만 식(食)은 모자라 면 생존이 위협받는다. 미국은 세계 최대의 농산물 수출 국가다. 금융위기를 겪은 2008년 이후 농지 가격이 급등했다는 것은 미래 에 곡물 가격이 급등할 것을 예견한다. 농산물 대국인 미국의 달러 가치는 상승하고, 농산물을 수입하는 나라의 화폐 가치는 하락할 것이다.

미국은 군사력 또한 난공불락(難攻不落)이다. 쉽게 말해, 전 세계 200여 개 연합군과 1대 200으로 싸워도 미국이 이길 정도다. 2019 년 기준, 우리나라의 1년 전체 예산은 470조 원, 국방 예산은 46조 원이다. 미국의 국방 예산은 우리나라의 국방 예산보다 약 16배 많은 730조 원이다. 미국은 그냥 게임이 안 되는 나라다. 세계 GDP 순위 1위, 군사력 1위, 세계 최대 산유국, 세계 최대 농산물 수출국, 세계 최대 금 보유국, 금을 살 수 있는 달러를 발행하는 기축 통화국인 미국을 대신할 나라, 달러를 대신할 통화는 100년 안에 나오기 힘들다.

경제 행위의
중심이 되는 기축통화

세계 금융의 중심, 기축통화

기축통화는 국제간의 결제나 금융 거래의 기본이 되는 통화를
말한다. 1960년대에 미국의 로버트 트리핀(Robert Triffin) 교수가 주
장한 용어로, 대표적으로 미국의 달러가 이에 속한다.

기축통화의 기능을 안전하게 수행하려면 일단 군사적으로 막강
한 힘을 가지고 있어야 한다. 유사시에 전쟁이 일어나더라도 국가
의 존립이 흔들려서는 안 되기 때문이다. 또한 통화 가치가 안정적
이어야 하고, 고도로 발달된 외환시장과 금융자본시장을 가지고

있어야 하며, 대외 거래가 안정적이고 규제가 없어야 한다.

불안정한 자국 화폐 대신 안전한 달러를 택한 나라들

아프리카 짐바브웨를 예로 들어보자. 짐바브웨는 1987년부터 2017년까지 30여 년간 로버트 무가베(Robert Mugabe) 대통령의 독재하에 있었다. 무가베는 2017년 11월 군부 쿠데타로 인해 자리에서 물러났지만, 나라는 최빈국으로 전락하고 말았다.

짐바브웨는 무가베 정권 초기만 해도 식량을 수출하는 나라로, 아프리카 사하라 이남에서 최고의 농업 기반을 갖춘 나라였지만, 1990년대에 최악의 가뭄으로 상황이 악화일로에 놓이자 타개책으로 토지를 국유화하기에 이르렀다. 그로 인해 농지의 70% 이상을 소유하고 있던 백인들은 짐바브웨를 떠났다.

백인들이 버린 토지는 흑인들에게 배분되었지만 소작농이던 흑인들이 농장 운영을 잘할 리 만무했고, 생산이 줄어들자 오히려 식량을 수입하게 되었다. 식량 수출로 벌어들이던 돈을 수입에 써버리니 나라 곳간은 금방 바닥을 드러냈다. 이에 무가베 정권이 내놓은 해결책은 어떠한 개혁이나 혁신이 아니라, 인쇄기, 즉 윤전기를 돌려 돈을 찍어내는 것이었다. 짐바브웨에는 돈이 넘쳐났다. 당연지사 돈의 가치는 빠르게 하락했다. 짐바브웨 정부는 2008년 1월부터 7월까지 인플레이션율이 300,000,000%라고 발표했으니, 더 이상 말해 무엇하겠는가? 달걀 3개를 사려면 100조 짐바브웨 달러가 필요했고, 짐바브웨 달러는 2009년 4월 이후 사용이 중지됐다. 짐바브웨뿐만이 아니다. 체제를 전환한 많은 국가가 달러라이제이션 현상을 겪고 있다.

이는 북한도 피해 갈 수 없다. 북한의 공식 화폐인 원화도 달러에 밀려나고 있고, 북한 사람들은 자국 화폐의 가치를 불신하고 달러로 대금을 지불하고 있다. 현재 북한의 달러라이제이션 진행 정도는 80%를 초과했다고 한다. 그럼에도 북한 화폐는 통일 시 큰돈이 되는 좋은 투자 상품이다. 이에 대한 자세한 설명은 31장 '미래의 통일 한국, 짐 로저스가 전 재산을 투자하겠다고 한 것은?'을 참고하기 바란다.

달러는 어떻게 기축통화가 되었을까

과거에는 영국의 파운드화와 미국의 달러가 기축통화로 불렸다. 영국의 파운드화는 19세기 이후 국제 금융의 허브로 자리매김

토막상식: 달러라이제이션(dollarizatio)이란?

미국 달러가 자국 통화로 대체되는 현상을 일컫는 말로, 자국 화폐를 버리고 미국 달러를 유일한 자국 화폐로 사용하거나 다른 화폐와 함께 달러를 공식 화폐로 사용하는 현상을 말한다.

하며 영국이 가진 세력을 배경으로 기축통화 역할을 했다. 그러나 제1차 세계대전 이후 유럽의 경제 상황은 피폐해졌고, 미국의 경제는 전쟁 특수로 급성장하게 되었다.

이후 제2차 세계대전이 발발했고, 전쟁이 끝나갈 무렵인 1944년에 화폐 금융 체계에 대한 회의인 브렌트우즈가 열렸다. '거시 경제의 아버지'라 불리는 존 케인스(John Keynes)는 영국 대표로 방코르(Bancor)라는 가상화폐를 만들어 금과 각국의 화폐 가치를 연동하자고 주장했다. 반면 미국 대표였던 해리 화이트(Harry Dextor White)는 패권국인 미국의 달러를 기준으로 하여 금과 각국의 화폐 가치를 연동하자고 주장했다.

결국 화이트의 주장이 채택되어 달러는 기축통화로서 세계의 역사와 경제적 우위를 차지할 수 있었다. 달러는 미국의 거대한 경제력과 막강한 군사력을 바탕으로 자타 공인 기축통화로 자리 잡았다.

전 세계 70%의 금을 보유하고 있던 미국은 금과 연동된 기축달러를 독점적으로 발행했고, 달러는 금과 연동된 유일한 화폐로 기축통화의 지위에 등극하게 되었다. 미국은 이 체제하에 산소를 공급하듯 전 세계에 달러를 공급해야 하는 의무가 생겼다.

물론 이 체제는 많은 문제점을 안고 있었다. 1976년 IMF 총회에서 금과 달러 간의 관계를 단절하고 각국이 고정 또는 변동 환율을 자유롭게 선택하는 지금의 화폐 체계가 정립되었다(이를 '킹스턴 체제'라고 한다). 유로화나 위안화가 기축통화로서 달러화의 대를 이을 것이라고 주장하는 사람도 있지만 필자는 미국의 기축통화로서의 지위는 앞으로 100년은 족히 이어질 것으로 본다. 그에 대한 근거는 이 책 곳곳에 기술했다.

세계 경제가 흔들릴 때 선호도가 높아지는 안전 자산

원화에, 원화 상품에 모든 자산을 투자하는 것 자체가 리스크라고 생각한 적은 없는가? 글로벌 경제위기가 도래하면 당신이 가지고 있는 원화는 가치가 떨어진다. 다른 나라에서는 당신의 소중한 돈으로 껌 한 통 살 수 없을지도 모른다.

세계 경제가 흔들릴 때는 안전 자산에 대한 선호도가 높아진다. 자연스럽게 금이나 달러 같은 자산의 가치가 올라가는 것이다. 당신이 100조 원을 가지고 있는 기관 투자자라고 생각해보라. 세계 경제에 위기가 닥쳤다. 그렇다면 당신은 원화를 살 것인가, 달러를 살 것인가? 필자의 책에서 이 부분만 숙지한다면 당신은 이미 부자 반열에 반쯤 올라와 있는 것이고, 경제적 자유인이 되는 더 빠른 지름길을 걷게 될 것이다.

기축통화가 바뀌면
전 세계에 어떤 일이 벌어질까

미중 무역 전쟁의 현재 상황

경제에 관심이 있는 독자라면 최근 세계적인 이슈가 되고 있는 중국과 미국 간의 무역 전쟁에 대해 알고 있을 것이다. 드디어 미국이 무역 전쟁을 시작했다. 약 340억 달러어치, 800여 품목의 중국 수출품에 25%의 추가 관세를 부과한 것이다. 중국이 이를 좌시할 리 없다. 눈에는 눈, 이에는 이다. 중국 역시 똑같이 340억 달러어치, 500여 품목의 미국 수출품에 25%의 추가 관세 부과로 맞대응했다. 미국이 질 수 없다. 미국은 중국의 반항에 2천억 달러어치,

6천여 품목에 10%의 추가 관세를 부과하겠다고 으름장을 놓으며 제2차 무역 전쟁을 야기 중이다.

각국의 경제 상황을 고려했을 때 미중 무역 전쟁에 가장 취약할 것으로 예상되는 나라는 어디일까? 글로벌 자산운용사인 픽테자산운용(Pictet Asset Management)은 이에 10개 국가를 선정했다. 그중 한국은 6번째로 위험한 나라로 분석되었다.

■ 미중 무역 전쟁의 영향을 받는 10개 국가

순위	국가	글로벌 교역 참여율(%)
1	룩셈부르크	70.8
2	대만	67.6
3	슬로바키아	67.3
4	헝가리	65.1
5	체코	64.7
6	한국	62.1
7	싱가포르	61.6
8	말레이시아	60.4
9	아이슬란드	59.3
10	아일랜드	59.2

출처: 픽테자산운용

미중 무역 전쟁의 여파로 원화 가치가 급락했다. 원 달러 환율은 2018년 말 1,115.7원에서 2020년 3월 1일 1,220원으로 9.35% 상승(원화 가치 하락)했다. 미중 무역 전쟁을 고려하더라도 원 달러 환

—— 위기를 기회로 바꾸는 부의 공식

율 상승세(원화 약세)가 지나치게 가파르다.

과거 우리나라처럼 IMF를 겪고 있는 아르헨티나의 페소화는 16.6%, 경제적 위기를 겪고 있는 터키의 리라화는 13.2% 하락했지만 이들은 주요국이 아니다. 원화는 주요국 통화 중 가장 큰 폭의 하락세를 기록하고 있다.

그렇다면 중국은 어떨까? 중국의 위안화는 2018년 말 6,879위안에서 2019년 5월 13일 6,750위안으로 2.1% 하락했다. 무역 갈등이 그 원인이다. 원화는 위안화와 동조 현상을 보인다. 동 기간 원화는 1.6% 하락했다.

여전히 막강한 달러의 위상

미국은 대공항 이후 극심한 위기감을 느꼈다. 많은 경제학자가 달러의 하락을 예상했다. 그러나 10여 년이 지난 지금, 결과는 오히려 그 반대다. 경제위기 이후 신흥국과 유럽이 상대적으로 부실해지면서 안전 자산에 대한 달러의 위상이 더욱 높아진 것이다. IMF가 발표한 2018년 3분기 세계준비자산 중 달러 표시 부채 비율은 61.9%로 가장 높다. 유로화는 20.5%, 엔화는 5%, 기축통화를 노린다는 중국의 위안화는 1.8%에 불과하다. 신흥국의 경우 더욱 심각하다. 국제금융센터에 따르면 2018년 1분기 신흥국의 외화 부채는 8조 5천억 달러(약 9,500조 원)이며, 그중 달러 표시 부채는 전체의 76%를 차지한다.

대부분의 국가가 달러를 안전 자산으로 여기고 미국 국채를 매입하는 방식으로 달러를 보유한다. 미국 국채의 10년 만기 실질금리가 1% 미만이라는 것은 많은 기회비용을 수반한다는 뜻이다. 예를 들어 미국이 채권 금리를 1% 미만으로 묶어버리면 엄청난 재정 정책을 펼칠 수 있다. 미국 정부가 국채를 많이 발행할수록 국채 가격은 떨어지고 금리는 오른다. 이럴 때 미연준은 1%라는 마지노선을 두고 국채를 사들인다. 이는 무한대에 가까운 재정 정책과 통화 정책의 기반이 된다. 미국은 국채 발행→ 미연준 매입→ 국채 가격 상승·금리 하락→ 국채 발행→ 미연준 매입을 무한 반복하는 사이클을 가지게 되며, 경제를 좌지우지할 힘을 갖게 된다.

미국의 신용평가회사 스탠더드앤드푸어스(S&P)가 AAA 등급을 부여한 나라는 네덜란드, 노르웨이, 독일 등 몇 개국이 되지 않는다. 이 나라들은 안전하지만 채권 발행량이 미국에 비해 현저히 부족하다. 미국의 국채 발행 규모는 약 15조 달러로, 다른 나라들과는 비교가 되지 않는다(일본은 9조 달러이지만 자국의 연기금 등 기관의 투자 비중이 높다).

금융위기 전에는 미국의 글로벌 기업과 은행이 안전 자산 공급을 담당했다. 하지만 이들 기업이 줄도산한 금융위기 이후에는 미국 정부가 발행한 국채가 안전 자산 공급 역할을 하고 있다. 미국은 대표적인 경상수지 적자 국가이자, 경상수지 적자로 소비를 차감한 저축이 투자보다 적은 대표적인 소비 국가다. 중국은 대표적인 경상수지 흑자 국가다. 중국의 위안화는 기축통화로서 유동성을 공급하기 어려운 구조다. 이에 대해서는 이후에 더욱 자세히 다루겠다.

기축통화가 바뀌면 전 세계에 어떤 일이 벌어질까

전반적인 달러의 위치에 대해 이야기했으니 기축통화 질서가 바뀌면 어떤 현상들이 일어날지 예측해보자. 만약 기축통화가 달러에서 유로화로 바뀐다면 어떤 일이 벌어질까? 일단 미국 국채 가격이 폭락할 것이다. 전 세계 각국에서 60% 넘게 보유한 달러 자산의 가치가 함께 급락하게 되는 것이다. 또한 미국 국채의 매도 물량이 급증할 것이다. 이에 수반되어 금리가 급등하고, 미국 정부는 이자 부담으로 사실상 원리금 지불 불능 상태에 빠지게 될 것이다.

현재는 1%인 10년물 미국 국채 발행금리도 2011년 이탈리아 국채처럼 연 7~8% 이상 급등하게 될 것이다. 국채는 물론, 회사채 금리도 더욱 높아질 것이다. 지방정부는 더 심각하다. 2011년 미국 지방정부 중 다수가 금리 2%대에서 파산 신청을 한 선례가 있다.

미국의 경제가 공황에 빠지는 것은 물론이고 세계 각국은 더 심각한 위기에 직면할 것이다. 세계 각국의 중앙은행은 달러로 표시한 채권 가격의 급락으로 매도를 하지 않아도 보유고가 줄어드는 기이한 현상을 겪게 될 것이다.

2011년 유럽 재정위기 당시를 생각해보자. 그리스, 스페인, 포르투갈 등 재정위기가 발생한 국가에서 발행한 채권을 보유하고 있던 유럽 국가들이 부도 위기에 직면했다. 당시 영국의 한 일간지는 '유럽 주요 은행의 실제 자산은 장부에 적혀 있는 것의 50%도 되지 않는다'라고 보도하기도 했다.

상황이 이 정도가 되면 은행에서는 예금 인출 사태가 벌어진다. 미국처럼 뱅크런 사태가 벌어지는 것이다. 은행은 고객 자산의 일부만 보장하기 때문에 불안한 국민들은 예금을 찾으려 할 것이고, 은행은 더욱 부실화된다.

생존을 위해 보유하고 있는 자산을 헐값에 매각하고, 빌려주었던 대출금도 회수하려 할 것이다. 달러가 기축통화로서의 지위를 잃게 된다면 우리에게 찾아오는 것은 부동산과 주식, 즉 실물과 금융시장의 붕괴다.

뱅크런(bank run)이란?

경제 악화로 금융시장에 위기감이 조성되면서 은행의 예금 지급 불능 상태를 우려한 고객들이 대규모로 예금을 인출하는 상황을 가리키는 말이다.

미국의 국채시장과 금융시장이 마비되고, 세계 경제는 대공황으로 이어질 것이다. 당연지사 실물경제는 더 큰 타격을 입게 된다. 미국은 군사력을 잃게 되고, 세계 최대의 소비 국가 자리도 유지할 수 없으니 대외 수출의존도가 높은 우리나라나 신흥국들 또한 줄도산을 하게 될 것이다. 생각만 해도 무섭지 않은가?

이렇듯 달러가 기축통화로서의 지위를 강탈(?)당하면 미국은 물론, 전 세계가 심각한 공황을 겪게 된다. 세계 경제는 후퇴해 일본처럼 잃어버린 20년이 아니라 50년 이상 불황을 겪을 수도 있다.

한 나라 안에서 자국민끼리만 물물교환하며 산다면 문제가 되지 않는다. 그러나 개방의 규모가 크든 작든 다른 나라와 교역하고 화폐가 오가는 상황에서는 그 어떤 나라도 이런 위기를 피해 갈 수 없다. 이런 질서를 위배하고 자국의 이익을 위해 기축통화, 즉 달러의 위력에 도전하는 화폐가 과연 있을까? 그러기 전에 미국이 무역 제재를 통해 그 나라의 살림을 압박할 것이 분명하다. 미국이 좋아서가 아니라 전 세계의 안전을 위해서라도 달러의 위상은 유지되어야 한다.

21

위안화가
기축통화가 된다고?

"최고의 지성이란 두 가지 상반된 생각을 동시에 품으면서도 정상적으로 사고할 수 있는 능력이다."

이는 미국의 소설가 스콧 피츠제럴드(Scott Fitzgerald)의 말이다. 레오나르도 디카프리오(Leonardo DiCaprio)가 출연한 〈위대한 개츠비〉의 원작자이기도 한 그는 첫 작품이 크게 성공하자 출중한 외모와 경제력을 기반으로 방탕한 생활을 한 것으로 알려져 있다. 그의 사생활이야 어떻든 그가 남긴 작품들은 많은 사람에게 감동을 주었다.

기축통화에 대해 이야기하는데, 뜬금없이 웬 소설가를 거론하는지 궁금할 것이다. 우리는 그가 남긴 명언에 따라 한 가지 사실만을 사고하는 우를 범해서는 안 된다. 최근 중국이 급부상하고, 위안화의 위상이 커지면서 위안화가 기축통화가 될 거라는 주장들이 힘을 얻고 있다. 하지만 필자의 생각은 다르다. 지금부터 위안화가 왜 기축통화가 되기 힘든지 그 근거들을 하나하나 짚어보겠다.

경제 위상이 높아진다고 무조건 기축통화가 될까

최근 중국은 고도성장을 하며 세계 2대 경제대국으로 불리고 있다. 2011년 이후 글로벌 무역시장에서 중국은 이미 미국을 앞질렀다. 지금처럼 계속 성장한다면 중국은 2030년 전후로 세계 최대 경제대국이 될 거라는 전망도 나오는 실정이다. 실제로 IMF는 2015년에 위안화를 특별인출권 화폐, 즉 SDR에 편입시켰고, 그 효력은 2016년 10월부터 시작되었다. 위안화는 세계 5대 준비통화(달러화, 유로화, 파운드화, 엔화, 위안화)로 인정받은 셈이고, 국제 금융시장에서 그만큼 입지를 다져가고 있다.

SDR(Special Drawing Rights)이란?

IMF의 특별인출권을 말하는 것으로, IMF에서 창설되어 IMF 회원국이 규약에 정해진 일정 조건에 따라 IMF로부터 국제 유동성을 인출할 수 있는 권리를 말한다.

SDR은 IMF 회원국들이 출자 가계부채 비율에 따라 배분받고, 필요할 때 언제든지 SDR을 구성하는 다른 통화로 교환이 가능하다. SDR은 글로벌 금융위기를 겪으며 달러 유동성의 함정에 빠진 회원국들이 외환보유고를 확보하는 수단으로 활용되면서 위력이 재부상 중이다. 우리나라의 출자 가계부채 비율은 1.4%로, 188개 회원국 중 19위 수준이다.

이외에도 위안화의 부상을 논하는 근거는 꽤 많다. 하지만 올바른 사고와 통찰을 하기 위해서는 위안화가 왜 기축통화로서의 지위를 확보하기 힘든지 그 근거들을 알아볼 필요가 있다.

첫째, 경쟁력이 약한 금융 산업

중국은 글로벌 무역시장에서 1위를 차지할 만큼 급성장을 이루었지만 금융 부분이 상대적으로 취약하다. 미국에게 뒤지는 군사력, 금융 산업의 현격한 차이는 위안화가 기축통화가 되기 힘든 가장 큰 이유다.

중국의 주식시장 규모는 전 세계 시가총액의 약 8% 수준이고, 채권시장 규모는 그보다 작은 5% 수준이다. 달러가 기축통화로서 인정받을 당시와 비교하면 매우 취약한 수준이다. 제1차 세계대전 종식 후 영국의 파운드화보다 달러의 위상이 크게 부상했음에도 세계의 중앙은행들은 달러를 외환보유고로 바로 편입하지 않았다. 미국이 현재의 중국보다 월등한 위치였음에도 불구하고 기존에 거래하던 파운드화를 사용한 것이다.

국제사회가 위안화를 기축통화로 보유할지의 여부는 불투명하다. 현재도 중국에 진출한 다국적 기업들만이 위안화를 결제통화로 사용할 뿐이다.

둘째, 유동성

기축통화의 유동성은 국제수지 적자를 통해 공급된다. 흑자와는 반대 개념인데, 국제 거래에서 중국에 들어온 돈보다 나간 돈이 더 많아야 한다는 뜻이다. 그러나 중국은 현재 경상수지는 물론이고 자본수지도 흑자를 내고 있다. 기축통화 국가는 경상수지 적자를 통해 유동성을 공급해야 하는데, 중국은 지속적으로 흑자를 기록해왔다. 그런 추세를 바꾸기는 쉽지 않다.

중국이 흑자를 내는 교역에서 적자를 낸다고 가정해보자. 일단 수출에 의존했던 경제성장률이 떨어질 것이고, 실업률은 치솟을 것이다. 당연히 경제 불안을 야기할 수 있고, 공산당이 지배하는 유일당 지배 체제 자체를 뒤흔들 수 있다. 즉 경제적 위기뿐 아니라 정치적 위기로 확대될 수 있다는 뜻이며, 국가의 존망이 달렸다는 뜻이다. 나라 경제와 정치가 한 번에 무너질 수 있는데 기축통화로서 기반을 다진다고 지속적으로 자본과 경상수지를 적자로 만들 이유가 있겠는가? 국가 체제를 흔들면서까지 위안화를 기축통화로 만들기 위해 위험을 무릅쓰겠는가? 현재 국제 결제시장에서 위안화의 결제 가계부채 비율은 2015년 2.31%를 고점으로 2019년 3월 기준, 1.89%다. 달러화, 유로화, 파운드화, 엔화에 이어 여전히 5위에 머물러 있다.

셋째, 안정적이지 못한 통화 가치

기축통화로서의 지위를 확보하기 위해서는 통화 가치가 안정적이어야 한다. 달러가 기축통화로 부상할 때와 비교해보자. 현재 중국의 지방정부부채는 GDP 대비 100%에 육박하고, 금융기관의 부실 채권 규모는 미국과는 비교가 안 될 정도로 높다. 경제 전문가들이 중앙정부와 금융기관의 부실 채권, 지방정부의 부채로 인해 중국발 금융위기를 말하는 실정이다.

중국은 현재 관리변동환율제로 환율을 엄격하게 통제하고, 국가 차원에서 자본 거래를 제한하고 있다. 역설하면 중국이 자본 거래를 확대하고 환율의 변동 폭을 확장할 경우, 위안화의 안전성은 요원해진다는 뜻이다. 유럽의 재정위기 국가들과 비교해보자. 유럽의 경우, 정부부채가 GDP의 115%에 육박하고, 1인당 국민소득이 1만 5천 달러 이상일 때 위기가 발생했다. 중국은 1인당 국민소득이 낮기 때문에 정부부채가 100%를 넘지 않더라도 재정위기를 맞을 수 있다. 우리는 현재 위안화가 기축통화가 될 것을 염려할 것이 아니라 중국발 금융위기를 우려해야 하는 상황인 것이다.

넷째, 약한 군사력

중국의 군사력은 미국과 비교할 수 없을 정도로 약하다. 중국의 북쪽에는 러시아가 버티고 있고, 남쪽에는 미국과 연맹을 맺은 인도가 있으며, 서쪽은 유럽 군사 동맹인 NATO에 둘러싸인 형상이다. 우리나라와 일본도 미국과 협력해 중국을 견제하고 있다. 이제는 호주에까지 미군이 들어가 중국을 견제하기 시작했다.

다섯째, 태환성

기축통화는 자유롭게 거래되고 교환할 수 있는 태환성이 보장되어야 한다. 그러나 현재 중국 정부는 자본 거래를 제한하고 있어 자유롭게 거래를 할 수 없다. 홍콩 등 역외 거래가 활발한 곳에서는 거래가 자유롭지만 자국 내에서도 제한을 받는 통화가 태환성을 가졌다고 보기는 힘들다.

여섯째, 금 보유량

미국이 막강한 금 보유량으로 기축통화의 지위를 탈환했듯 중국은 금 보유량을 늘려야 한다. 세계금협회에 따르면 2018년 8월 기준, 미국의 금 보유량은 8,134톤이다. 반면 중국의 금 보유량은 1,927톤으로, 세계 6위다. 미국과 중국 사이에는 2위 독일 3,367톤, 3위 이탈리아 2,452톤, 4위 프랑스 2,436톤, 5위 러시아 2,207톤이 포진되어 있다. 1위인 미국과 6위인 중국의 금 보유량은 약 5배 차이로, 미국에 엄청난 위기가 닥쳐 보유한 금을 모두 매도하고 그 금을 중국이 전부 사들인다면 모를까 중국이 미국보다 많은 금을 확보하기는 사실상 불가능하다.

이러한 이유들로 필자는 중국의 위안화가 달러를 제치고 기축통화로 자리매김하기는 어렵다고 판단한다. 오히려 달러의 힘은 더욱 막강해질 것이다. 이 밖에도 달러에 관심을 가져야 하는 이유는 매우 많다. 투자자들은 막강한 나라의 화폐에 투자하는 것을 선호하고, 결국 그 나라의 힘은 점점 강해진다. 서로의 돈이 오가는 개방 경제를 취한 나라라면 어느 나라에서 시작되든 금융위기를 맞을 수 있다. 단지 화폐에 투자한 것만으로 큰돈을 벌 수 있는 기회가 온다는 뜻이다.

── 위기를 기회로 바꾸는 부의 공식

달러는 절대 투자자를 배신하지 않는다

달러의 힘을 견고하게 만드는 시뇨리지 효과

이번에는 전 세계에서 유일하게 기축통화인 달러만이 누릴 수 있는 특권, 즉 시뇨리지 효과에 대해 기술하려 한다. 달러의 패권이 흔들릴 경우, 미국은 좌시하지 않을 것임이 자명하다. 이라크가 석유 결제를 달러에서 유로화로 변경한 것이 이라크 전쟁의 원인이었다는 사실을 알고 있는가? 이는 2008년에 발간된 앨런 그린스펀(Alan Greenspan) 전 미국 연방준비제도이사회(FRB) 의장의 회고록에 기술된 사실이다. 달러의 패권을 위해 전쟁도 개의치 않는 나라 미국, 두렵지만 꼭 알아야 한다.

제2차 세계대전 이후 현재까지 국제통화 체계는 달러가 지배하고 있다. 미국의 달러는 진정한 기축통화로, 국제 거래의 중심으로 사용되는 '팍스 달러리움(Pax Dollarium)', 즉 달러패권체제다. 달러가 기축통화로서의 위상이 유지됨으로 인해 미국이 얻는 가장 큰 권리(?)이자 위력은 시뇨리지 효과다.

시뇨리지라는 단어는 프랑스어의 봉건영주(프랑스어로 seignior)라는 말에서 유래되었다. 과거 봉건시대 때 영주는 자신의 성 내에서 화폐 주조에 대한 배타적 독점권을 가지고 있었다. 이때 영주나 왕이 걷어 들인 '화폐주조세'를 뜻하는 말이다. 봉건시대 때도 부족한 재정을 확보하기 위해 금화를 발행했다. 이때 제조비를 줄이고자 금화에 구리나 은 등의 불순물을 섞어 시뇨리지 효과를 누렸다. 현재 각 나라의 중앙은행도 주조 차익, 즉 시뇨리지 효과를 보는 수혜자라고 할 수 있다.

시뇨리지(Seigniorage) 효과란?
화폐의 액면가에서 화폐 제조 비용과 유통 비용을 뺀 차익을 말한다.

달러의 수요는 무한대, 공급은 미국의 자유?

각 나라의 중앙은행은 돈을 찍어내는 만큼 돈을 벌지만(화폐 제조 시 들어간 비용은 차감) 우리나라의 원을 포함해 자국에만 통용되는 화폐의 경우, 효과가 미미하다.

하지만 달러는 다르다. 기축통화인 달러는 전 세계에 유통되고, 미국의 FRB는 유일하게 달러를 찍어낼 수 있는 권리, 즉 발행독점권을 가지고 있다. 또 달러의 수요는 무한대에 가깝다. 그만큼 FRB의 힘은 막강하고, 미국은 달러를 전 세계에 공급하는 만큼 다시 달러를 찍어 곳간을 채울 수 있다.

미국은 재정이 부족해지면 달러를 찍어 공급하는 방법으로 위기를 극복할 수 있다. 무역수지 적자가 증가하면 자국 내에서 경제성장률이 둔화되고 유동성이 부족해진다. 이때 미국의 중앙은행은 국채를 인수하는 방법으로 달러를 공급한다. 이 경우, 정부부채는 증가할 수 있지만 종이돈인 달러를 2~3센트 정도 비용을 지불하고 윤전기를 돌려 찍으면 타국에서 생산한 농수산물, 자동차, 휴대폰, 가전제품 등을 마음대로 살 수 있고, 금을 매입해 금 보유량도 늘릴 수 있다. 앞서 언급했듯 금 보유량은 기축통화의 위상을 지키는 매우 중요한 수단이다.

예를 들어보자. 독일의 벤츠를 1억 원에 구입한다고 가정하고 1달러는 약 1,000원이라고 하자. 미국은 벤츠를 사기 위해 100달러짜리 화폐를 1,000매 인쇄한다. 달러를 찍는 비용을 1달러라고 가정하면 1,000매를 찍는 데 겨우 1천 달러가 소요된다. 즉 미국은

100만 원으로 독일의 명품인 벤츠를 구입할 수 있는 것이다. 정말이지 막강 권력이 아닐 수 없다.

미국은 절대 망하지 않는다

이처럼 달러의 시뇨리지 효과는 막강하다. 미국이 달러를 찍어 전 세계에 공급하면 인플레이션이 일어날 수 있고, 원자재 가격이 급등해 실질 소득이 감소할 수 있다. 하지만 달러를 발행하는 미국은 오히려 이익을 얻는 셈이다. 다시 말해, 미국은 과거의 봉건시대 영주처럼 전 세계에 글로벌 영주로 군림하고 있는 것이다.

과거의 역사로 다시 돌아가 결론을 지어보자. 봉건시대 영주도 재정 적자로 세금을 걷기가 어려웠다. 그래서 그 대안으로 돈을 찍어 시중에 공급하기 시작했다. 그렇다면 그 후 어떤 일이 벌어질까? 인플레이션이 일어난다. 감자, 밀, 빵의 가격이 50% 급등하고 소작농들의 실질소득은 50% 감소한다. 영주가 걷는 세금은 그대로인데, 소작농들의 살림은 팍팍해진다. 영주는 세금을 늘리지 않았지만 왕실 재정을 더 견고하게 확충해 곳간을 채운다. 인플레이션 자체가 세금이 되기 때문이다.

매일매일 열심히 일하는데 왜 살림은 나아지지 않고 팍팍하기만 한지 의문을 품고 있는 사람이 많을 것이다. 권력을 가진 높으신(?) 분들이 시스템을 만들어 내 돈을 빼앗고 있는데, 자본주의에 길들여진 파블로프의 개로 사는 것이 과연 옳은 일일까? 이 책을 읽는 독자들에게 묻고 싶다.

적자생존의 시대,
달리는 적자(適者)다

가장 강한 돈이 살아남는다

적자생존(適者生存)이라는 말이 있다. 이는 '생존 경쟁의 결과,
그 환경에 맞는 것만이 살아남고, 그렇지 못한 것은 차차 쇠퇴한다'
라는 의미다. 전 세계 화폐 중 가장 적자는 달러다. 달러가 적자로
생존하는 한, 원화 가치는 상대적으로 떨어질 수밖에 없다. 이러한
상황을 잘 활용하면 우리도 돈을 벌 수 있다.

원화 가치 하락은 무엇을 의미할까

일반적으로 환율이 상승하면 수출이 증가한다. 반면 수입은 감소하고 그에 따라 경상수지가 개선된다. 환율이 상승하면 수출업자는 수출의 대가를 같은 금액의 외화로 받더라도 원화로는 더 많은 금액을 받게 된다. 그로 인해 수출품을 더 싼 가격에 팔게 되어 수출량을 늘릴 수 있다. 반대로 수입업자는 환율이 상승하면 수입품을 사는 데 더 많은 원화를 지급해야 하므로 수입이 감소한다. 그러나 환율 상승에 따른 경상수지 개선 효과는 보통 곧바로 나타나지 않고 시간이 지나며 서서히 나타난다.

환율 상승　　수출 증가·수입 감소　　국제 수지 개선

쉽게 예를 들어보자. 만약 1달러에 950원이던 환율이 1,000원으로 상승했다면 수출업자는 외국에 상품을 팔아 종전과 같이 한 개당 1달러를 받더라도 이를 원화로 바꾸면 950원이던 수익이 1,000원으로 늘어난다. 따라서 수출품의 가격을 내릴 수 있다. 여유가 생겨 가격을 1달러 이하로 내리면 다른 상품과의 가격 경쟁에서 우위를 점하고 수출량을 늘릴 수 있다.

이와 반대로 환율이 하락하면 수출업자의 원화 수익이 감소해 수출품의 가격을 올리게 된다. 이런 경우, 수출량이 감소할 가능성이 크다. 또한 수입의 경우, 환율이 하락해 원화 가치가 높아지면 외국 상품을 살 때 그만큼 적은 원화를 지급해도 되므로 수입이 늘어나게 된다.

환율 변동이 경제 성장 및 고용에 미치는 효과는 국제수지에 미치는 효과와 방향이 같다. 즉 환율이 상승해 수출이 증가하면 생산이 증대된다. 경제 성장을 촉진하고 고용을 증대시킨다. 경기가 좋아지는 것이다. 반면 환율이 하락하면 수출이 감소하고, 그에 따라 생산이 줄어들어 경제 성장이 둔화된다.

자, 그럼 결론을 지어보자. 환율이 하락(원화 강세)하면 기업은 설비 투자를 줄이게 된다. 그리고 고용 사정이 어려워진다. 우리는 일자리를 잃게 되고 세금을 내기 힘들어진다. 기업 또한 상품이

팔리지 않으니 납부하는 세금이 줄어든다. 정부도, 기업도, 국민도 힘들어진다. '너 죽고 나 사는' 식이 아닌, '너 죽고 나 죽는' 식이 되는 것이다.

이기는 돈에 투자해야 하는 이유

환율이 상승(원화 약세)하면 외채 상환 부담이 늘어난다. 하지만 그 점을 제외하면 국내 경제에 가져오는 이득은 상당하다. 우리나라는 수출의존도가 높다. 대한민국은 원화 가치 절하를 통해서도 경제적인 이익을 취할 수밖에 없는 메커니즘을 가진 나라다. 필자는 앞서 적자라는 표현을 사용했다.

달러가 오랜 기간 기축통화로서의 위상을 유지하는 근거는 이 책 곳곳에 기술했다. 금융과 부동산, 두 마리 토끼를 잡는 방법을 알려주는 이 책을 통해 원화 가치 하락이 왜 우연을 가장한 필연인지 숙지하길 바란다. 책의 내용을 모두 이해하지 않아도 좋다. 원화 가치의 장기적인 하락이 어떤 면에서는 국내 경제에 긍정적인 요인으로 작용한다는 점만 이해해도 모자람이 없다.

햄버거값만 알아도
환율이 보인다

　금융 투자에 있어 꼭 알아야 하는 달러에 대해 공부하는 우리가 환율에 대해 모른다는 것은 장님이 코끼리를 만지는 격이다. 환율, 알고 보면 그리 어렵지 않다. 어렵게 파고들면 이해하기가 쉽지 않으니 최대한 가볍게 접근해보자.

환율에 따라 달라지는 기업 매출

　우리나라의 수출 기업, 수입 기업, 정부 할 것 없이 모두 환율 등락에 촉각을 곤두세운다. 유럽에서 고급 마루를 수입해 국내에서 시공하는 필자의 지인은 유로화가 100원만 떨어져도 모임 사람들에게 술을 사겠다고 호언장담한 적이 있다. 기업을 운영하는 대표들은 그만큼 환율에 민감하다.

미국에 휴대폰을 수출한다고 가정하자. 미국은 10만 달러어치의 휴대폰을 주문했고, 환율은 1달러당 1,000원이다. 주문을 받은 기업은 1억 원의 매출을 예상했을 것이다. 그런데 갑자기 환율이 900원으로 떨어진다면 어떻게 될까? 기업은 10만 달러의 매출을 올렸음에도 실제 수입은 9천만 원으로 줄어든다. 기업은 이렇게 환율에 따라 피해를 입을 수도 있고, 반대로 앉은 자리에서 높은 매출을 거둘 수도 있다.

환율을 결정하는 수요와 공급

그렇다면 환율은 어떻게 결정될까? 보통 어떤 재화나 서비스의 가격이 결정되는 것은 수요와 공급이다. 후진국은 돈은 없는데 국가 기반 시설을 건설하기 위해서는 많은 돈이 필요하다. 그렇다면 당연히 금리가 높다. 반면 선진국은 돈은 많은데 대부분의 인프라가 이미 구축되어 있다. 그래서 돈을 가져다 쓰는 곳이 많지 않다. 당연히 선진국일수록 금리가 낮다.

마찬가지로 환율도 수요와 공급의 법칙에 의해 정해진다. 수출

기업이 달러를 많이 벌어들이면 외환시장에 달러 공급이 늘어나고, 환율은 하락한다. 반면 수입이 늘거나 해외여행을 다니며 달러를 소비하는 사람이 많아지면 달러 수요는 늘고, 환율은 상승한다.

환율을 공부하면 재미있는 현상을 발견하게 된다. 환율이 하락하면 기업은 손해를 입지만 가계는 부담을 덜 수 있다는 점이다. 예를 들어 원 달러 환율이 1,000원이라고 하자. 환율이 10% 떨어지면 모든 수입 원자재 가격도 10% 떨어진다. 석유가 배럴당 100달러, 즉 우리나라 돈으로 10만 원이었는데 환율이 900원으로 떨어지면 9만 원이 된다. 그만큼 우리에게 저렴하게 석유를 공급할 수 있는 것이다(물론 꼭 그렇지만은 않다). 유학을 보낸 자녀가 있다면 부담이 줄어들 것이다. 해외여행을 가도 마찬가지다. 1만 원짜리 스테이크를 9,000원에 먹을 수 있다. 이처럼 환율 하락은 기업에게는 부정적이지만 가계에는 긍정적인 요인이 된다.

그렇다면 정부가 떨어지는 환율을 그냥 보고만 있을까? 그렇지 않다. 정부는 환율 안정을 위해 외평채를 발행한다. 외평채는 '외국환평형기금채권'의 줄임말로, 원화와 외화, 두 가지로 발행된다. 환율이 떨어져 기업이 힘들어지면 정부는 원화로 외평채를 발행해 돈을 모은다. 그 돈으로 외환시장에서 달러를 사 모은다. 반대로 환율이 상승해 달러가 급등하면 외화채권을 발행해 외국에 내다팔아 달러를 사들인다. 그렇게 사들인 달러를 환율 등락에 맞춰 시장

——위기를 기회로 바꾸는 부의 공식

에서 수요와 공급을 적절히 조절하는 것이다. 금융위기 시에는 외평채 발행으로 환율을 다스리기 힘들지만 평상시에 환율이 크게 등락하지 않는 것은 정부의 노력으로 가능하다.

적정 환율을 알 수 있는 지표가 있다

그렇다면 적정 환율을 어떻게 알고 등락을 조절하는 것일까? 적정 환율을 알려주는 지표 중 가장 널리 쓰이는 것은 빅맥지수와 아이팟지수다. 적정 환율을 제대로 알려면 각국의 돈으로 얼마만큼의 물건을 살 수 있는지 기준이 필요하다. 그래서 적용된 것이 빅맥지수와 아이팟지수다.

빅맥지수는 영국의 경제 전문지 《이코노미스트》에서 1986년부터 분기별로 발표하기 시작했다. 이는 세계 120개국의 빅맥 가격을 달러로 환산한 것이다. 맥도날드는 전 세계 많은 나라에서 이용할 수 있고, 아이팟도 마찬가지다. 각 나라 통화의 구매 가치를 비교하기에 매우 좋은 수단이다.

빅맥지수를 통해 원화 가치를 산정해보자. 2019년 우리나라에서의 빅맥 가격은 6,400원, 미국에서의 빅맥 가격은 5.93달러였다. 6,400원을 5.93달러로 나누면 1,079.2580이다. 2019년 7월 실제 원달러 환율은 1,177원이었다. 이 결과는 무엇을 뜻할까? 환율 대비 빅맥지수가 낮다는 것은 원화 가치가 상대적으로 저평가되었다는 뜻이다.

저평가가 무조건 가치 상승을 의미하는 것은 아니다

여기서 의문을 품은 독자라면 필자의 책을 정말 열심히 읽은 것이다. 원화가 저평가되어 있다면 원화 가치가 상승했다는 뜻일까? 결론부터 말하면 아니다. 시장에는 무수히 많은 재화가 있다. 각국의 세금과 거래 비용이 다르므로 '일물일가 법칙'을 적용하기는 어렵다. 빅맥지수는 각 나라의 통화 가치로, 구매력을 판단하는 기준 정도라고 생각하는 것이 좋다. 아이팟지수도 마찬가지다.

지금까지 환율에 대해 알아보았다. 이외에도 환율을 결정짓는 경제적 요소가 많지만 이 정도 상식만 가지고 있어도 시장의 흐름을 공부하고 이해하기에 충분하다. 금융위기가 아니라면 환율 등락에 일희일비하지 않을 당위성을 가질 수 있다. 모르기 때문에 두려운 것이지, 알고 나면 두려움이 없어진다. 지피지기면 백전백승이라 하지 않았던가? 경제를 알고, 환율을 공부하고, 투자를 공부하는 것은 자본주의를 알고, 부를 쌓아가는 길임을 명심하라.

25

실전투자

누구나 쉽게 할 수 있는
달러 예·적금

필자는 앞서 미국에 투자하고, 달러에 투자해야 하는 당위성에 대해 설명했다. 지금부터는 실전에서 어떤 방법으로 투자해야 하는지 설명하려 한다. 직접 달러를 사서 예금하는 방법도 있지만, 이는 환차익에 대한 수익만 있을 뿐, 그 이상의 수익이 보장되지는 않는다. 수익과 환차익, 두 마리 토끼를 잡을 수 있는 달러 투자는 어떻게 해야 할까?

금리 노마드족은 그만! 세계로 눈을 돌려라

최근 '금리 노마드족'이라는 신조어가 등장했다. 이는 노마드(nomad)와 족(族)의 합성어로, 단 0.1%라도 이자가 높은 곳의 예·적금 상품에 가입하기 위해 여러 은행을 찾아다니는 사람들을 가리키는 말이다. 금리가 지속적으로 하락하면서 금리 노마드족이 등장했다. 물론 노력하는 모습은 좋지만 전체적인 흐름을 공부하는 것이 우선이라는 점을 강조하고 싶다. 금리 0.1%로 인한 수익은 일반적인 직장인이 저축하는 수준에서는 버스비도 안 나온다고 봐야 한다.

국내 제도권 내에 있는 금융사는 은행가, 증권가, 보험사, 이렇게 세 곳이다. 이 세 곳을 이용해 달러 투자를 할 수 있다. 지금부터 일반적인 독자들도 쉽게 다가갈 수 있는 달러 투자 상품들을 소개하려 한다. 먼저 가장 전통적인 금융 상품인 예·적금에 달러를 활용한 투자를 알아보자.

달러예금, 한국보다 높은 기준금리에 환차익까지

2020년 4월 기준, 한국의 기준금리는 0.75%이고, 미연준 기준금리는 0~0.25%다. 현재는 역전되었지만 얼마 전까지만 해도 미국

금리가 한국 금리보다 높았다. 그래서 달러예금에 고액 자산가뿐 아니라 조금의 금리 차익이라도 거두려는 금리 노마드족이 몰린 상황이다.

한국보다 높은 미국의 기준금리는 달러 예·적금에 고스란히 적용된다. 이에 더해 외환시장에서 달러 강세가 지속되면 금리는 환차익까지 얻을 수 있다. 달러예금은 미국 달러로 가입하는 상품이지만 국내 상품과 동일하게 원금과 이자를 합쳐 1인당 5천만 원까지 예금자 보호를 받을 수 있다. 단 환율이 내려가면 원화 환전 시 손해가 날 수도 있다는 점을 유의해야 한다.

■ 4대 주요 은행의 달러예금 현황(2018년 기준)

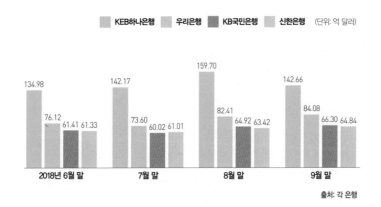

외화통장으로 어떻게 수익을 낼까

시중은행에서 취급하고 있는 달러 재테크 상품은 외화예금과 입출금이 자유로운 외화통장으로 나뉜다. 국내 시중은행 어디서나 가입이 가능하고, 국내에서 개설하더라도 원화와 외화로 모두 입금이 가능하다는 장점이 있다. 일명 '달러통장'으로 불린다.

외화통장을 만들려면 주거래 은행을 방문해 외화예금통장을 개설한다고 말한 뒤 직원의 안내에 따라 가입하면 된다. 인터넷을 통해 비대면으로 계좌를 개설할 수도 있다. 각 나라의 통화를 거래통화로 넣을 수 있는데, 달러화, 유로화, 엔화, 위안화 정도로 거래통화를 지정하면 된다. 입출금이 자유로운 외화통장 금리는 일반적으로 연 0.1% 정도라 이자는 거의 없다고 봐야 한다. 국내 입출금이 자유로운 통장처럼 말이다.

얼마에 사고, 얼마에 팔아야 이득일까

2019년 10월 이후는 1달러를 기준으로 1,150원대가 되면 단기 저점으로 판단하고 매입할 것을 추천한다. 중기적으로 고점은 1,200원으로, 이때 환전하는 것도 좋지만 금액이 크지 않다면 좀 더 장기 보유할 것을 권한다. 환전을 할 경우, 은행별로 최대 우대

율은 75%이지만 은행별 애플리케이션 등을 이용하면 90%까지 우대를 받을 수 있다는 점을 알아두자.

외화예금의 경우는 각 은행마다 금리가 달라 비교를 해보아야 한다. 다음 표를 참고하자. 독자가 이 책을 읽을 때는 상황이 조금 달라져 있을 수도 있으니 인터넷을 통해 금리가 높은 은행을 찾아볼 필요가 있다. 개설 방법은 예금통장과 같이 친숙하게 느껴질 것이다. 초보자가 가장 다가가기 쉬운 달러 투자법이다.

■ **주요 은행 외화예금 상품 및 이벤트(2019년 10월 기준)**

은행명	이벤트	내용
KB국민은행	KB외화예금 득템 이벤트	'KB모바일 외화예금' 가입 고액 최대 50% 환율 우대
신한은행	외화 체인지업 예금	비대면, 자동이체 거래 시 최대 50% 환율 우대
SC제일은행	미국 달러 외화예금	첫 거래 고객 대상 연 2.9% 금리 제공 (만기 12개월 기준)
광주은행	특판 외화정기예금	5천 달러 이상 비대면 신규 가입 시 연 2.1% 금리 제공
SH수협	특판 외화정기예금	연 최대 2.81% 금리 제공

출처: 각 은행

26

실전투자

나라의 정책을 바꾼 달러 상품
RP와 MMF

안전한 상품에만 투자해 수익을 내는 RP

RP는 금융회사가 일정 기간이 지나면 다시 사는 조건으로 채권을 판 뒤 기간에 따라 이자를 붙여 다시 사들이는 채권을 말한다. 달러 RP는 안전한 국공채에만 투자해 이자 수익을 주는 상품이다. 요즘 RP 금리는 1% 정도이지만 특판을 이용할 경우, 2%대의 금리를 받을 수 있다. 꾸준한 관심을 가지고 특판이 출시될 때 활용하는 방법을 추천한다. 최소 금액은 증권사마다 다르지만, 대개는 1만 달러 정도다. S증권의 경우, 100달러 정도의 소액으로도 투자가 가능하다. 확정된 금리에 환차익이 생긴다면 부수적인 보너스를 기대할 수 있다.

달러 RP 투자 시에는 금리 외에도 환전 수수료를 계산해야 한다. 증권사들은 고객의 등급에 따라 수수료를 차별하고, 환율 우대 조건이 다르다. 이 부분은 가입 시기마다 달라지니 인터넷에 '은행별 환전 수수료', '환전 수수료 비교' 등을 검색해볼 필요가 있다. 또한 환차익 외에 RP 수익에 매겨지는 15.4%의 이자소득세도 있는데, 이는 국내 적금 상품과 동일하게 적용된다.

단기금융 상품에 집중 투자하는 MMF

금융 당국은 RP 외에도 다른 달러 투자 상품의 도입을 검토하고 있다. 투자 수요에 맞춰 외화 표시 MMF 도입에 속도를 내고 있는 중이다. MMF는 초단기 공사채형 상품으로, 단기 금융 상품에 집중 투자한다. 고위험인 실적배당 상품보다 국공채에 투자하는 상품이 안전하다.

MMF는 예금과 달리 하루만 맡겨도 이자를 주는데, 외화 자산을 편입하면 수익률을 높일 수 있다. 외화 거래가 많으면 환율 리스크를 방어하는 수단으로도 쓸 수 있다. 기획재정부에서 MMF에 투자 쏠림 현상을 우려할 정도로 투자 수요가 큰 상품이다.

이에 과거 자본시장법은 MMF의 투자 대상을 원화로 표시된 자산으로만 규정했다. 금융위원회는 외화 표시 MMF를 도입하기 위해 시행령 개정 작업을 진행 중이다. 금융위원회 관계자들도 투자 수요가 늘어나는 만큼 최대한 신속하게 도입하겠다는 입장이다.

그러나 자본시장법 시행령을 개정하더라도 감독 규정 재정비는 물론, 상품을 만들고 창구에서 판매하기까지는 시간이 필요하다. 2020년 중순쯤은 되어야 할 듯하다. 이에 대해 미리 알고 선점하는 투자자야말로 시대의 흐름을 읽고 앞서간다 할 수 있다.

달러적금만 봐도 원화보다 금리가 높고, 베트남 통화 등 신흥국 통화는 금리가 연 6~7%에 달한다. 이런 자산을 MMF에 편입하면 수익률을 높일 수 있다. 게다가 환금성도 높다. MMF는 누구에게나 매력적인 상품이 될 것이다.

재테크 박람회를 활용하라

괜찮은 상품을 찾고 있다면 재테크 박람회를 활용하는 것도 한 방법이다. 매년 개최되는 재테크 박람회를 방문하면 뜻밖에 좋은 금리 상품을 만나는 행운을 얻을 수 있다. 한 금융투자사에서는 재테크 박람회 방문객 전용 상품으로 연 5% 수익이 발생하는 6개월 만기 적립형 RP 특판 상품을 1천 명 한정으로 내놓은 적도 있다.

——위기를 기회로 바꾸는 부의 공식

일반적으로 판매되는 적립형 RP의 연 수익률이 1% 수준이라는 점을 감안하면 5배 높은 수익이다. 단 이런 한정 상품에는 항상 제한이 따른다. 신규 고객만 가입할 수 있다거나 1인당 월 30만 원, 연 500만 원까지 제한을 두는 식이다. 적은 금액을 단기간 저축하기에 좋은 형태라는 점을 알아두자.

재테크 박람회에 참여하는 은행과 증권사에서 금리우대 쿠폰 등을 지급하는 경우가 많으니 재테크에 관심 있는 독자라면 한 번쯤 방문해볼 것을 권한다. 우리나라에는 다양한 형태의 재테크 박람회가 있다. 인터넷을 검색해 참여 회사, 방문객에게 주는 혜택 등을 확인한 뒤 방문하는 것이 좋다.

이제는 세테크다! 비과세가 매력적인 달러연금과 저축보험

이번에는 요즘 큰 인기를 끌고 있는 달러연금에 대해 기술해볼까 한다. MBC, 〈중앙일보〉 등 여러 매체에서 소개되기도 한 달러연금은 장기간 측면에서 접근하니 환율 민감도가 덜한 편이다.

연금이나 저축보험의 경우, 확정이율이 정해져 있고, 10년 이상 유지하면 비과세 혜택이 주어지는 점이 가장 큰 장점이다. '수익도 중요하지만 앞으로는 세테크 시대가 도래할 것이다'라는 말에 공감하는 독자들이 많을 것이다.

달러연금과 저축보험의 장점

달러보험은 달러로 보험료를 납입하고, 달러로 보험금을 받을 수 있는 상품이다. 안전한 확정금리형 상품이며, 납입된 돈은 씨티그룹, 웰스파고 등으로 구성된 미국장기회사채펀드에 투자된다.

앞서 언급했듯 연금이나 저축보험의 경우, 확정이율이 정해져 있고, 10년 이상 유지하면 비과세 혜택이 주어진다. 종신보험은 달러를 해외 자산에 투자해 상대적으로 높은 수익률을 기대할 수 있어 보험료가 저렴하고, 변액보험도 수익률이 우수한 편이어서 투자 가치가 충분하다. 단 달러보험은 보험 상품 특성상 사업비를 떼기 때문에 공시이율보다 수익률이 낮을 수 있다는 점을 알아두자. 보험 상품은 사업비를 낮추는 것이 관건인데, 추가 납입을 이용할 수 있다. 기본 납입 금액에 추가 납입을 하면 사업비를 3분의 1로 줄일 수 있다. 단 10년 납입 상품을 5년 이내에 중도 해지하면 원금 보장이 되지 않을 수도 있으니 신중하게 가입해야 한다.

생명보험사인 P사는 업계에서 유일하게 달러 변액연금을 출시했다. 이 상품은 미국 국채나 회사채에 투자하는데, 수익률이 우수하다. 이 상품에 투자하는 미국장기채권형펀드는 2018년부터 2019년까지 약 8%의 수익률을 냈다. P사가 운용하는 30개 펀드 중 두 번째로 수익률이 높다. 연금 수령 시 달러 상품은 원화 기준 상품보다 매월 약 25%를 더 받을 수 있다. 안정적인 장기채권형펀드 하나로 이루어져 있어 펀드 관리에 신경 쓰지 않아도 된다는 것도 장점이다.

저축보험은 중간에 해지하지 않고 장기간 유지하면 이득을 볼 수밖에 없는 상품이다. 오래 유지할수록 가장 큰 장점인 비과세가 빛을 발하기 때문이다. 저축보험은 투자 수익이나 공시이율과 관계없이 정해진 금액을 평생 달러로 인출할 수 있다. 연금을 달러로 받으면 원화 대비 물가 상승을 따라잡기 유리하고, 혹시 닥칠지 모르는 경제위기에 대비할 수 있다. 환차익 등 부수적인 요소로 접근하기에도 괜찮은 상품이다.

노후소득 보증형을 선택하면 미국채의 수익에 상관없이 연 5% 수익을 보장해주니 인기가 많은 편이다. 달러연금은 기본적인 수익률도 좋지만 환차익을 보너스로 얻을 수 있다는 장점이 있다. 금융위기가 온다면 더 많은 수익을 내겠지만 위기가 오지 않더라도 장기적으로 환율은 오르기 때문에 환차익과 수익률을 함께 취할 수 있는 상품이다.

1996년 환율은 759원, 2020년 2월 기준 환율은 1,191원으로, 56.9%가 올랐다. 달러는 물가상승률을 헷지하는 유일한 화폐다. 재차 강조해도 모자람이 없다.

비과세와 상속세 절감을 노리는 부자들의 달러 종신보험

요즘은 재테크보다 세테크가 더 중요한 시대다. 2019년 기준, 우리나라의 이자소득세율은 15.4%이지만 선진국에 비해서는 턱없이 낮은 편이다. 대부분의 선진국은 우리나라보다 이자소득세율이 높다. 미국은 약 40%, 네덜란드는 약 60%로, 선진국의 이자소득세율은 50%에 육박한다. 우리나라도 세금을 올리면 올렸지, 내릴 기미는 보이지 않는다.

■ 선진국의 이자소득세율(2019년 기준)

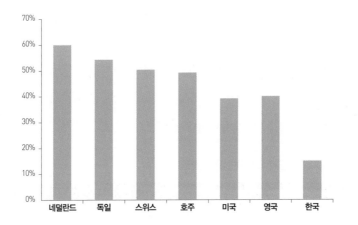

출처: 한국조세재정연구원

노후를 위한 장기 상품에서 비과세는 필수다. 보험 상품은 유일하게 비과세를 받을 수 있는 상품이다. 이런 이유로 M사의 달러종신보험이 인기를 끌고 있다. 달러종신보험도 국내보다는 상대적으로 수익률이 높은 미국 채권에 투자한다. 예정이율(보장성보험에 적용되는 이율)도 높아 보장 조건이 같다면 상대적으로 보험료가 낮음에도 높은 보장을 받을 수 있다.

특히 국내 자산가들이 달러종신보험을 준비하는 이유는 높은 상속세 때문이다. 필자의 자산가 지인은 어느 날 갑자기 사고로 사망했다. 그의 가족들은 상속세를 내기 위해 어쩔 수 없이 건물을 급매로 헐값에 매각해야 했다. 미리 준비하지 않으면 평생 일군 재산이 반 토막이 날 수도 있으니 자산가라면 종신보험은 필수다. 일반적인 가정도 가장의 유사시를 대비해 종신보험 정도는 준비해두는 것이 좋다. 과거에는 증여세율이 높았지만, 현재는 세법 개정으로 상속세율과 증여세율이 동일하다.

■ 상속세 누진공제액(2020년 3월 기준)

과세표준	세율	누진공제액
1억 원 이하	10%	–
5억 원 이하	20%	1천만 원
10억 원 이하	30%	6천만 원
30억 원 이하	40%	1억 6천만 원
30억 원 초과	50%	4억 6천만 원

출처: 트레이딩 이코노믹스

——위기를 기회로 바꾸는 부의 공식

종신 상품은 유대인이 최초로 개발했다는 설이 있다. 미국으로 이주한 가난한 유대인들이 본인들은 힘들게 살아도 자손들에게는 큰 부를 물려주기 위해 자신의 목숨을 담보로 개발을 요청한 상품이라고 한다. 미국에서 생명보장이 크게 부흥한 시기도 유대인들이 본격적으로 이주를 시작한 1900년대 초와 맞물린다. 길게는 50~60년을 보는 장기 플랜이다 보니 바로 화폐 가치가 떨어지는 것이 문제다. 우리나라의 물가는 지난 50년간 약 50배 올랐다. 대한민국의 원화 가치가 50배 축소된 것과 같은 의미다. 이렇듯 장기 포트폴리오에서는 화폐 가치를 고려해야 한다.

장기 사망보장에서 이런 단점을 커버하는 것이 바로 달러종신보험이다. 같은 시기 미국의 물가상승률은 10배가량이다. 한국과 비교하면 매우 안정적이다. 선진국인 미국과 개발도상국인 한국과의 차이도 있지만 현재 한국은 신흥국으로 분류되어 있다. 달러종신보험은 일정 기간이 지나면 입출금이 자유롭고 추가 납입이 가능해 이를 통해 사업비를 줄일 수 있다. 3% 이율로 최저 보증해주는 것이 가장 큰 장점이다. 최저 보증이율이 높아 연금으로 전환 시 종신보험임에도 불구하고 공시이율 연금 상품보다 높은 연금을 받을 수 있다는 장점도 있다. 무엇보다 나의 후손에게 이전되는 사망 자금이 가장 안전한 화폐인 달러로 전해지는 것이 매력적이다.

투자도 글로벌 시대

현재는 글로벌 시대다. 전 세계가 컴퓨터와 휴대폰 하나로 소통하고 있다. 외국어는 이미 필수이고, 해외여행을 가지 않는 사람이 없다. 필자가 추천한 달러 상품들은 어학연수를 위해 자녀를 외국에 보낼 때도 유용하게 활용될 수 있다는 점을 알아두자. IMF 당시 유학을 갔던 아이들이 학업을 제대로 마치지 못하고 돌아온 경우가 다반사였다. 급격히 상승한 환율로 인해 1천만원이던 학비가 갑자기 2천만원 가까이로 치솟았기 때문이다.

이 책에서는 가장 일반적인 상품들을 기술했다. 이외에도 독자들에게 도움이 될 만한 투자 상품은 많다. 제대로 된 달러 상품을 파악하고 투자한다면 아이의 학자금은 물론, 든든한 노후를 준비할 수 있다. 또한 언제든 도래할 수 있는 금융위기에는 큰 부를 쌓을 기회를 잡을 수 있다는 것을 강조한다.

28

미국 개별 주식,
어디에 투자해야 할까

미국 주식시장은 매우 안정적이다. 1982년 이후 미국 주식은 연 환산 복리 수익률 기준으로 10.0%의 놀라운 성과를 기록했을 뿐 아니라, 플러스 수익을 기록할 확률이 78.4%에 이른다. 한편 동 기 간 한국 주식시장의 연환산 복리 수익률은 8.2%로, 미국에 크게 뒤 처지지는 않지만, 플러스를 기록할 가능성은 56.8%에 불과하다. 따라서 주식의 높은 위험이 싫은 투자자들에게 미국 주식은 매력 적인 투자 대상이 될 수 있다. 미국 주식 투자는 대다수의 한국 사 람에게 아주 매력적인 부의 증식 수단이 될 것이다.

개별 주식 직접 사기

달러 투자의 가장 공격적인 방법은 미국 주식을 직접 사는 것이다. 한국예탁결제원에 따르면 2019년 상반기 기준, 투자자들이 가장 많이 거래한 종목은 미국의 아마존으로, 주식 결제 금액만 5억 5,200만 달러(약 6,600억 원)에 달한다. 최근 미국 주가가 급등한 것은 글로벌 혁신 기업들의 연이은 상장 때문이다. 미국 거래소에는 2019년 상반기에만 63개 기업이 상장했다. 총액으로 보면 무려 197억 달러(약 23조 3,200만 원) 규모다.

미국 개별 종목 매입은 가장 공격적인 방법이다. 만약 당신이 투자 경험이 많지 않고 일반적인 개미이며, 하루에도 몇 번씩 주가를 확인하며 등락을 기다릴 재간이 없다면 이 방법을 추천하고 싶지 않다. 그러나 어느 정도 투자 경험이 있고, 내공이 있는 투자자라면 실행해볼 만하다.

미국 주식을 매입하는 것은 생각보다 간단하다. 일단 가까운 증권사에 방문해 미국 주식을 매입하고 싶다고 말하고 해외 계좌를 개설한다. 온라인이나 스마트폰을 이용해 비대면 개설도 가능하다. 미국 장의 경우, 서머 타임이 적용될 때와 다른 계절의 개장 시간이 다르다는 점을 알아두자. 서머 타임이 적용될 때는 우리나라 시간으로 밤 10시 30분부터 다음날 새벽 5시 30분까지 장이 열리고, 서머 타임 적용 기간이 지나면 밤 11시 30분부터 다음 날 새벽 6시까지 장이 열린다. 서머 타임은 대개 3월에 시작해 11월 초에 끝나며, 인터넷 검색을 통해 당해 연도 시간을 쉽게 확인할 수 있다.

미국 주식 투자 시 유의할 점

미국 주식은 보유세는 없지만 양도세는 22%로, 조금 센 편이다. 단 연간 250만 원까지 비과세 혜택이 있어 1천만 원의 수익이 나면 750만 원에만 양도세가 부과된다는 점을 알아두자. 약간의 꼼수를 부려 양도차익이 난 주식과 양도차손이 난 주식을 함께 매도하면 양도세를 줄일 수 있다. 이는 국내 부동산에도 동일하게 적용된다. 매입한 미국 주식에 배당금이 발생한다면 그에 대한 세금도 부과된다. 미국은 현지 세율 15%로, 한국의 15.4%보다 낮은 편이고, 1년 동안 이자소득과 국내외 주식 배당금이 2천만 원 이상일 경우에만 과세한다. 예를 들어 배당금 100달러가 발생했다면 15달러를 제외한 금액이 내 통장에 입금되므로 투자 금액이 적다면 굳이 신경 쓰지 않아도 된다.

초보자라면 세금이 없는 금액 안에서 매수하고 운영해본 뒤 순차적으로 금액을 늘려나가는 것도 좋은 방법이다. 증권사마다 거래 수수료 차이가 있으니 다음 표를 참고하기 바란다. 단 거래 수수료보다는 시장을 읽는 힘이 더 중요하다는 점을 기억하자.

■ 미국 주식 온라인 거래 수수료(2019년 10월 기준)

증권사	거래 수수료율	최소 수수료
미래에셋대우	0.25%	–
NH투자증권	0.25%	–
삼성증권	0.25%	10달러
KB증권	0.25%	5달러
신한금융투자	0.25%	10달러
한국투자증권	0.20%	5달러
대신증권	0.20%	10달러
키움증권	0.1%	–

출처: 각 사

■ 미국 주식과 국내 주식 세금 비교표(2020년 3월 기준)

항목	미국 주식	국내 주식
배당소득세	15.0%(원천징수)	15.4%
양도소득세	22.0% (연간 250만 원까지 비과세)	없음
거래세	매수 0%, 매도 0.0013%	매수 0.15%, 매도 0.15%
금융종합소득세 (2천만 원 이상 시 과표 추가)	배당소득세만 포함됨	

　　미국 주식에 직접 투자하고 싶다면 미국에서 시작되어 그들만의 독점적인 기술을 가지고 있는 마이크로소프트, 구글, 애플, 존슨앤존슨, 록히드마틴 등에 가치를 두고 투자할 것을 권한다. 투자

의 귀재 워런 버핏(Warren Buffett)도 가치주에 장기 투자하는데, 개미가 주식시장에서 단타로 수익을 내겠다는 생각은 애초에 버리는 편이 낫다. 주식은 부동산과 달리 개미와 기관의 정보 차이가 많을 수밖에 없는 구조다. 독점적인 기술을 가지고 있다면 시장 상황이 나빠져도 회복이 빠르다는 장점이 있다.

미래 유망 식품주에 투자하라

지구 온난화로 인해 전 세계에서 기상 이변이 벌어지고 있다. 미래에는 식량난이 전 세계의 재앙이 될 수 있다. 미국은 세계에서 가장 비옥한 땅을 갖고 있다. 이를 대비해 식품주에 투자하는 것도 좋은 방법이다.

우리나라 인구는 2040년을 기점으로 줄어들 예정이지만, 전 세계 인구는 증가 추세다. 2019년 77억 명 정도인 전 세계 인구는 점차 증가해 약 80년 뒤인 2100년에는 109억 명으로 정점에 이를 것이다. 배우 송강호가 주인공으로 등장한 영화 〈설국열차〉를 보면 식량이 부족해 곤충을 양갱으로 만들어 먹는 장면이 나온다. 이는 가까운 미래에 현실이 될 수도 있다. 실제로 많은 나라에서 곤충으로 음식을 만드는 연구가 진행되고 있다.

기상 이변으로 식량이 부족해진다면 식품 관련 회사들의 가치는 올라갈 수밖에 없다. 이런 회사에 가치투자해야 한다. 현재 지구상의 40% 이상의 토지가 농업에 이용되고 있지만, 비옥한 땅은 별로 남지 않았다는 점을 알아두자.

식량 생산이 가능한 토지가 부족하니 현재 미국에서는 '수직농장(vertical farming)'이라 불리는 농법을 개발 중이다. 기존 단층재배 방식이 아닌 지정된 공간에 다층 선반을 이용해 식물을 재배하는 방식으로 재배 환경이 전환될 것이다. 기억하는 분들도 있겠지만 영화 〈설국열차〉에 이에 대한 장면도 나온다. 수직농장은 고도로 관리된 실내 환경에서 LED 기반의 조명 시스템이나 재생에너지를 이용해 식물을 재배하는 실내 농장이라 할 수 있다. 현재 수직농장 산업은 에어로팜스, 팜드히어, 플렌티 등의 미국 기업들이 선도하고 있다. 이 부분을 숙지하자.

■ 미국에서 개발 중인 수직농장

출처: 〈서울신문〉 나우뉴스

—— 위기를 기회로 바꾸는 부의 공식

미국 주식, 언제까지 유효할까

마지막으로 간과하지 말아야 할 부분이 있다. 1982년 이후 미국 주식시장이 연 10% 이상 놀라운 성과를 기록한 것은 자명한 사실이지만 2011년 이후부터 최근까지의 성과가 과대평가된 측면이 있다. 가장 대표적인 예가 2000년부터 2009년까지 이어진 잃어버린 10년이다. 당시에는 미국에 투자한 것이 대한민국에 투자한 것보다 못한 수익이 났다.

또한 주식은 직접 투자 개념으로, 가장 공격적인 투자라 할 수 있다. 주가가 그대로 반영되어 단기 차익을 노리며 단타로 수익을 내겠다는 욕심을 내서는 안 된다. 워런 버핏도 가치주에 장기 투자한다는 것을 절대 잊지 마라. 공룡 같은 거대한 네트워크를 가진 그도 장기 투자하는데, 개미가 단타로 수익을 내겠다는 것은 욕심이다. 시대의 흐름을 읽고 가치주에 투자하되, 등락에 따라 심리적인 압박이 있을 수 있으니 전체 보유 자산에서 미국 주식 비중을 적정 수준으로 관리하는 태도가 필요하다.

29

실전투자

수수료가 아깝다면 ETF,
초과 수익은 ELS

환매 수수료는 없으나 매매 수수료는 붙는 ETF

달러 투자에 보수적으로 접근하고 싶은 투자자라면 RP와 달러 적금 정도가 적합하지만 좀 더 수익을 내고 싶은 투자자라면 달러 ETF에 관심을 가져보자. 달러 ETF는 주식과 펀드의 성격을 모두 가지고 있는 상품이다. 매수와 매도가 자유롭다는 것이 가장 큰 장점이고, 다른 상품에 비해 수수료가 낮은 편이다.

ETF는 별도 환매 수수료는 없으나 사고팔 때마다 매매 수수료가 붙는다는 점을 유념하자. 판매사를 직접 방문할 필요 없이 주식처럼 실시간으로 사고팔 수 있다는 편리함도 있다. 펀드처럼 만기가 있는 것도 아니고, 금리 방향 변화에 따라 단기 투자도 가능하다. 실제로 ETF에 투자하는 개인 투자자들의 자금은 대부분 단기 베팅 성격이 강하다.

금리 인하 추세에는 채권형펀드에 주목하라

요즘은 금리 인하 추세와 맞물려 장기채펀드가 인기 있는 편이다. 2019년에도 국채 10년물 금리가 1% 포인트 이상 떨어지면서 국채 10년물에 투자한 채권형펀드 수익률은 연 10% 이상으로 치솟았다. 미중 무역 전쟁 및 일본의 수출 규제 등으로 대내외적 불확실성이 커지고, 안전 자산 선호 심리까지 더해지면서 장기 국채를 담은 채권형펀드의 인기는 당분간 계속될 전망이다.

상품명	NH-Amundi Allset 국채10년인덱스[채권]class c	키움 KOSEF10년국고채ETF[채권]
운용사	NH아문디자산운용	키움투자자산운용
종류	인덱스펀드	상장지수펀드(ETF)
유형	채권형	채권형
자산 구성	국채10년 및 국내 10년 선물(100%)	국고채10년(91.85%) + 유동성(8.2%)
운용 규모	3,525억 원	560억 원
1년 수익률	12.02%	13.32%
연간 총보수	0.57%	0.15%
환매 · 판매 수수료	없음	없음
듀레이션	평균 7.5년	8년
벤치마크	10년국채선물바스켓지수(95%) + 콜금리(5%)	10년국고채지수(100%)
거래 편의성	보통(장기 투자 목적)	높음(주식처럼 거래)

출처: 각 사

그중 가장 두드러진 성과를 보이는 상품은 N자산운용의 Allset 국채10년인덱스펀드다. 2019년 8월 6일 기준, 설정액은 3,500억 원을 돌파했다. 2019년 6월 설정액이 2천억 원을 돌파한 이후 약 7주 만에 1,500억 원의 자금을 추가로 끌어모았다.

수익률 역시 고공 행진이다. N자산운용 측에 따르면 2019년 8월 6일 기준, 이 펀드의 3개월 수익률은 5.36%, 6개월 수익률은 6.46%다. 1년 수익률은 12.02%에 달한다. 이 펀드는 전체 자산 중 90% 이상을 10년물 국채에 투자한다. 국내 유일의 국채 10년 금리와 연동되는 인덱스펀드다. 정부가 발행하는 국채 10년물에 투자해 이자 수익과 함께 시장금리 하락 시 펀드에서 발생하는 초과 수익을 확보하는 효과를 누릴 수 있다. 이는 2019년 11월 기준 정보이니 참고하기 바란다.

이외에 KOSEF 미국 달러선물의 경우, 달러 시세와 함께 움직이기 때문에 달러 강세 시에는 수익이 나고, 약세 시에는 마이너스가 나는 일반적인 상품도 있다.

최근 ETF에 대한 관심이 높아지는 추세라 몇 가지 상품을 언급했지만, 투자를 할 때는 경제 상황이 언제나 급변한다는 것을 염두에 두고 신중을 기해야 한다. 실제 투자 시에는 각 증권사를 통해 상담을 받거나 추천하는 ETF 목록을 받아 수익률을 공부하고, 어디에 투자하는 상품인지 분석한 뒤 투자할 것을 추천한다. 만약 그렇게 하는 것이 어렵다면 전문가의 도움을 받는 것도 한 방법이다.

달러 ELS

달러 투자의 또 하나의 방법은 ELS에 투자하는 것이다. ELS는 주가연계증권이다. 개별 주식의 가격이나 주가지수에 연계되어 투자 수익이 결정되는 유가증권이다. 투자 자산의 대부분을 우량 채권에 투자해 원금을 보존하고 일부를 주가지수 옵션 등 금융파생 상품에 투자해 고수익을 노리는 금융 상품이다. 원금보전형과

고위험·고수익 등 다양한 범위 안에서 상품들이 구성되어 있어 선택의 폭이 넓다는 장점이 있다. 단 원금보전형의 경우, 일반적인 금리 상품에 비해 수익이 크게 높은 편은 아니다. 은행 금리보다 초과 수익을 내고 싶은 투자자에게 적합하다.

ELS를 선택할 때는 기초 자산인 각 지수를 분석하는 건 어렵더라도 증권사별로 상품 라인업을 살펴보고, 자신에게 가장 유리한 상품을 선택하는 정도의 노력은 해야 한다. 당연지사이지만 ELS도 한 종목에 투자하는 것은 금물이다. ELS는 공격적인 상품으로, 증권사의 규모도 중요하다. 대형 증권사 상품 위주로 살펴보는 것이 현명하다. 손실을 감당할 수 있는 투자자라면 모를까, 일반인들에게는 그다지 추천하고 싶지 않다.

달러 DLS, DLF

이번에 소개하는 상품은 가장 고위험군에 속하므로 참고만 하기 바란다. DLS는 파생금융 상품의 일종으로, 주식, 채권, 예금 등 일반적인 금융 상품에 파생 계약을 결합한 형태다. 주로 장외에서 거래가 이루어진다. DLS는 금리나 환율, 원자재, 신용 등 다양한 기초 자산의 가격 변동에 따라 원금과 수익률이 결정되는 매우 복잡한 금융 상품이다. 만기가 있는 상품으로, 중도 상환과 조기 상환도 가능하다. DLF는 이러한 DLS를 기초 자산으로 편입한 파생

결합펀드다.

고위험군 투자 상품에 속하는 DLS와 DLF는 별로 권하고 싶지 않다. 상품 구조도 일반인들이 이해하기에는 너무 복잡하다. 전 세계 경제위기를 불러일으킨 서브프라임은 모기지 증권보다는 복잡한 파생 상품이 원인이었다. 사고가 터져 기사가 나오는 대부분의 상품이 DLS와 DLF다. 필자의 투자 원칙은 언제나 중위험·중수익이다. 부동산처럼 말이다. 2019년 10월에도 국내에서 판매된 해외 금리 연계 파생결합증권과 펀드(DLS, DLF)로 인해 큰 피해를 입은 사람들이 금융 당국에 DLS 판매에 대한 엄정한 조사를 요구하고, 계약 무효를 주장한 바 있다. 앞서 이야기했듯 이 상품은 참고로 알아두기만 하자.

글로벌 시장 100년 역사를 통해 바라본
금융 투자 인사이트

이번에는 글로벌 시장의 과거 100년 역사를 통해 금융 투자에 대한 방향을 제시하려 한다. 이 책을 집필하는 동안 자산 증식 수단인 부동산 투자와 금융 투자를 거시적으로 풀어내는 것에 대한 부담감이 매우 컸다. 두 가지 주제를 한 권의 책에 풀어내려 이도 저도 아닌 것이 될 수도 있으니 말이다. 두 가지 재료를 잘 녹여내기 위해 좋은 자료를 찾고 정리하는 작업은 많은 시간과 노력을 필요로 했다. 이 책을 통해 경제를 알고, 올바른 투자 방향을 잡는데 많은 도움이 되길 바란다.

금값으로 위기 신호를 잡아내라

최근 금융위기설이 대두되면서 달러와 금값이 급등하고 있다. 달러와 금은 대표적인 안전 자산이다. 금융위기가 도래하면 안전 자산에 대한 선호도가 높아진다. 간단한 논리를 통해 투자 방향을 잡을 수 있으니 참고하기 바란다.

1871년 이후 국제 금값의 흐름을 살펴보면, 1973년에 역사적인 분기점인 금본위제(금 1온스에 35달러의 교환을 보장하던 시스템)가 무너지며 금값이 급등하기 시작했다.

■ 국제 금 시세(2020년 3월 기준)

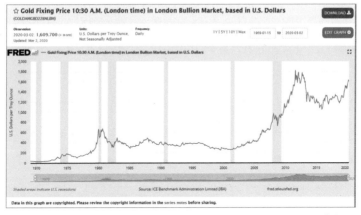

출처: FRED

2020년 4월 28일 기준, 국내 금값은 한 돈(3.75g)에 250,264원을 기록하고 있고, 이는 과거 6년 동안 가장 높은 시세다.

■ 국내 금 시세(2020년 4월 기준)

출처: 네이버 금융

필자의 기억에 20여 년 전 금 한 돈 시세는 약 45,000원이었다. 과거에는 아이 돌잔치를 할 때 대부분 금 한 돈짜리 반지를 주곤 했다. 그 당시엔 돌잔치를 마치고 나면 복주머니가 금반지로 가득 찼다. 축의금을 5만 원 정도 내는 것보다 금 한 돈이 저렴하니 대부분 금반지를 선물한 것이다. 그 금들을 고이 간직하고 있었다면 현재는 5배나 남는 장사가 될 뻔했는데, 애국심이 발로한 필자는 1997년 외환위기 때 금 모으기 운동에 모두 바치고 말았다.

최근 세계의 투자 자금들이 금으로 몰리고 있다. 미중 무역 전쟁과 홍콩 시위 사태 등으로 인해 글로벌 경기가 불안한 상황이다. 글로벌 투자은행(IB) 업계에서는 앞으로 2년간 금값이 30% 넘게 뛰어 전 고가를 갱신할 것이란 전망이 나오고 있다.

미국의 초대형 금융기업 뱅크오브아메리카도 이러한 전망에 힘을 실었다. 뱅크오브아메리카는 금 선물이 향후 2년 동안 1온스당 2천 달러까지 오를 것이라는 전망을 내놨다. 현 수준에서 30% 넘게 급등할 가능성을 예고한 셈이다. 이렇게 된다면 금값은 2011년의 사상 최고가인 1온스당 1,921.17달러를 넘어서게 될 것이다.

미국의 증시지수 급상승으로 무엇을 알 수 있을까

1970년대 이후 급등한 것은 금뿐만이 아니다. 미국 증시의 상승 탄력은 강하지 않았으나 제2차 세계대전 이후 급등했다. 3부의 가장 중요한 금융 투자 포인트는 여기에서 나오니 주목하라.

S&P500지수는 미국의 신용평가회사 S&P가 기업 규모와 유동성, 산업 대표성을 감안해 선정한 보통주 500종목을 대상으로 작성해 발표하는 지수로, 미국에서 가장 많이 활용되고 있다. S&P500 종목은 공업주 400종목, 운수주 20종목, 공공주 40종목, 금융주 40종목으로 이루어진다.

S&P500지수의 기간별 누적 상승률을 살펴보면 1871~1945년 265.5%, 1945~1973년 461.9% 상승을 기록했고, 1973~2000년에는 무려 1,253.4% 상승했다. 2000~2015년에도 54.8% 상승했다.

■ 미국의 S&P500지수와 미국 소비자물가 비교

S&P 500
4,000

3,000

미국 소비자물가지수

2,000

1,000

0

1990년   2000년   2010년   2020년

시가   2,569.99   최저   2,492.37
최고   2,711.33

출처: FRED, 네이버 금융

동 기간 미국의 평균 물가상승률을 살펴보자. 1871~1945년
1.12%, 1946~1973년 3.41%, 1974~2000년 5.09%다. S&P500지수
는 미국의 물가보다 대부분의 구간에서 상회하고 있는 것이 보일
것이다.

S&P500지수는 최근 눈부신 미국의 실질 GDP보다 상회하는 것
으로 나타났다.

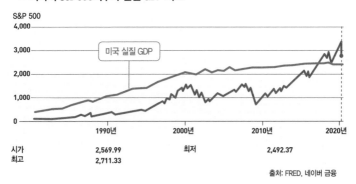

■ 미국의 S&P500지수와 실질 GDP 비교

출처: FRED, 네이버 금융

필자는 이 책 곳곳에 달러에 투자해야 하는 당위성을 설명했다. 지금은 신흥국이 아닌 선진국에 투자해야 할 때라는 점도 강조했고, 논리적인 근거들을 제시했다.

과거 100년 역사를 보더라도 S&P500지수처럼 안정적인 흐름을 가진 금융 투자는 없다. 달러는 화폐 중에서 가장 안전한 금융 투자다. S&P500지수에 투자하는 달러를 가지고 있다면 수익은 배가 된다. 안정적인 S&P500 수익률에 환차익까지 발생하기 때문이다. 이제 더 이상 망설일 필요가 없다. S&P500지수와 달러는 돌다리다. 계속해서 두드려봐야 손에 멍만 들 뿐이다. 투자를 실행하는 것이야말로 부자가 되는 비즈니스석에 탑승하는 것임을 명심하자.

미래의 통일 한국,
짐 로저스가 전 재산을 투자하겠다고 한 것은?

통일 한국의 경제, 과연 어떤 모습일까

2019년 6월 30일 역사적인 사건이 있었다. 남과 북의 정상이 만난 것도 모자라 미국과 남북의 정상이 함께 모여 판문점에서 정상회담을 진행한 것이다. 세 나라 정상이 한자리에 모인 것은 1953년에 이루어진 정전협정 이후 처음이다. 정말 놀라운 일이 아닐 수 없다. 이로 인해 트럼프는 사상 처음으로 북한 땅을 밟은 미국 대통령으로 기록되었다. 이번 정상회담은 2019년 6월 19일 트럼프의 트위터를 통한 깜짝 제안에 김정은이 호응하며 속전속결로 이루어

——위기를 기회로 바꾸는 부의 공식

졌다. 38선을 넘어 북한을 육로로 여행하는 날이 머지않았다. 필자는 이 역사적인 사건을 통해 부자가 되는 팁을 공개할까 한다.

어두운 북한의 경제 상황, 하지만 투자 가치가 있다?

'상품 투자의 귀재'라 불리는 짐 로저스(Jim Rogers)는 2015년에 이렇게 말했다.

"북한 투자에 나의 전 재산을 걸겠다."

그때 많은 사람이 '미친 거 아냐?'라고 생각했다. 하지만 그의 투자 조언이 남북 정상회담과 남북미 정상회담을 계기로 다시 회자되고 있다.

현재 북한은 대외적으로 경제성장률 등의 통계를 발표하지 않아 정확한 경제지표를 파악하기 힘들다. 그러나 한국은행에서 매년 6월 전년도 북한의 성장률을 추측해 발표하고 있다. 그 덕분에 우리는 북한의 경제 동향을 어느 정도 파악할 수 있다.

김정은이 집권한 이후 북한의 경제성장률은 연평균 1.0%대다. 2015년에는 -1%대로 급락했다. 2016년에는 약 4%로 다소 회복되었지만 2017년에는 마이너스 성장률을 기록한 것으로 추정된다. 국제연합(UN)과 미국의 잇따른 경제 제재로 북한의 수출은 2017년 대비 약 40% 가까이 급락했고, 경제 개발에 꼭 필요한 대외 원조가

끊겼다. 또한 차관 도입(introduction of loan)마저 원천 봉쇄되어 경제 개발에 필요한 재원이 바닥난 상태다.

북한의 경제 상황은 매우 어둡다. 국제연합은 한 자료를 통해 북한은 자본주의 시장경제 도입 등 파격적인 개혁 의지가 없다면 회생하기 힘들다는 결론을 내렸다. 북한 주민들의 생활은 더욱 어려워졌고, 중동과 북아프리카에서 있었던 '아랍의 봄'이 북한에도 일어날 수 있지 않겠느냐는 우려의 목소리가 들려오는 실정이다.

아랍의 봄이란, 2010년 말 튀니지에서 시작되어 중동과 북아프리카로 확산된 반정부 시위다. 중동과 북아프리카의 반정부·민주화 시위는 집권 세력의 부패, 빈부 격차, 청년 실업으로 인한 젊은 이들의 분노 등이 원인이 되어 아랍 전역으로 확산되었다.

북한이 위협적인 핵무기를 만들고 핵 실험을 하는 이유는 서방 국가들과 협상을 하기 위해서다. 이미 협상 테이블에 앉아 대화로 경제 원조를 받을 수 있는 상황에서 한반도 비핵화는 어찌 보면 당연한 결과다. 북한은 핵무기를 만들 수 있는 기술을 가지고 있기 때문에 핵을 폐기하더라도 언제든지 다시 만들 수 있는 카드를 지니고 있다. 이를 정치적인 이슈로만 몰고 북한이 노리는 것은 '적화 통일'이라고 하면서 지나가는 강아지도 코웃음 칠 만한 말을 진실인 것처럼 떠드는 일부 정치인은 정말 반성해야 한다.

그렇다면 짐 로저스는 왜 북한에 투자하라고 권하는 것일까? 짐

── 위기를 기회로 바꾸는 부의 공식

로저스가 추천하는 투자 대상은 북한 화폐와 채권이다. 그는 추천에만 그치지 않고 세계화폐박람회 등에서 북한 화폐를 꾸준히 사들이고 있는 것으로 알려져 있다. 현재 일반인은 암시장 거래를 통해 탈북자들이 가지고 나온 북한 화폐를 구할 수 있다.

북한 화폐가 투자 대상이 되는 것은 화폐 교환 비율 때문이다. 독일의 예를 들어보겠다. 서독과 동독의 통일 당시, 약세국이었던 동독이 강대국이었던 서독에 흡수 통일되었다. 화폐 교환 비율은 설정에 따라 약간의 차이가 있을 수 있지만, 동독의 화폐를 가지고 있던 사람은 서독의 화폐를 가지고 있던 사람에 비해 이익을 볼 수밖에 없었다. 동독과 서독이 통일될 때 동독 화폐를 현재 가치보다 높은 수준으로 교환하기로 서로 합의했기 때문이다.

통일은 요원하다. 그러나 경제 협력이 이루어질 것은 기정사실이다. 바로 그때가 기회다. 북한과의 왕래가 자유로워진다면 무조건 생필품을 구매해 북한으로 가라. 치약, 칫솔, 화장품, 신발, 가방, 옷 등 무엇이든 상관없다. 승용차로 싣고 가든, 트럭에 한가득 싣고 가든 북한으로 달려가 물건을 팔고 북한 화폐를 모아라. 동독과 서독이 통일될 때 서독 사람들이 트럭에 바나나를 가득 싣고 동독으로 넘어가 한 개에 1,000원짜리 바나나를 1만 원에 팔았다는 일화도 있다. 북한 사람들도 동독 사람들처럼 자국의 화폐를 믿지 않는다.

북한 사람들은 자국의 화폐 가치를 불신해 달러로 대금을 지불하고 있다. 앞서 언급했듯 북한의 달러라이제이션 진행 정도는 80%를 초과했다. 국내의 질 좋은 생필품들은 비싼 가격을 불러도 불타나게 팔려나갈 것이다. 북한 화폐는 미래에 각광받을 수밖에 없다. 통일은 언젠가 이루어질 것이다.

향후 10년, 급변의 시대를 대비하라

필자가 살아 있는 동안 미국과 남북의 정상이 한자리에 모인 것을 보게 되다니, 지금 다시 생각해보아도 놀랍다. 그만큼 세계는 급변하고 있고, 과거 50년보다 향후 10년에 더 큰 변화가 일어날 것이다. 제4차 산업혁명으로 로봇들이 우리의 일자리를 빼앗을 것이다. 대체율이 낮은 저위험군 직종은 우리의 일자리를 10% 정도 빼앗을 테지만, 대체율이 높은 고위험군 직종은 57% 로봇으로 대체될 전망이다. 이는 중차대한 일이 아닐 수 없다.

우리는 높다고 징징대고 있지만 선진국에 비하면 턱없이 낮은 세금은 선진국 수준으로 올라갈 것이다(40~50%). 이렇게 세계가 급변하고 있는데, 언제까지 드라마 시청과 수다에 많은 시간을 할애할 것인가? 미리 준비하지 않으면 도태될 수밖에 없다. 빈익빈 부익부 현상은 받아들여야만 하는 현실이고, 시간이 지날수록 더욱 가속화될 것이 자명하다. 지금은 살기 위해 투자를 해야 하는 시대인 것이다.

4부

부자의 부동산

**부동산으로
부의 추월차선
달리기**

코로나발 금융위기를 통해 본
국내 부동산의 현주소

위기의 전조가 오고 있다

2020년 전 세계에 코로나19 사태가 발생했다. 이 책 곳곳에 언제든 금융위기가 올 수 있음을 언급하고, 위기에도 살아남을 수 있는 부동산 투자와 금융 투자에 대해 소개했지만 이렇게 급작스럽게 위기가 찾아오리라고는 예상치 못했다.

2020년 3월, 미국은 무제한 양적 완화를 통과시켰고, 우리나라도 100조 달러의 긴급 자금 지원책을 발표한 상태다. 이에 화답하듯 코스피지수는 반등했고(2020년 3월 25일 기준 1,678.84포인트), 미국

다우지수도 2만 포인트를 다시 넘어섰다.

작금의 경제 상황을 살펴보고 코로나발 금융위기가 국내 부동산에 어떤 영향을 미칠지 알아보자. 복잡다단한 현재의 부동산 시장에서 미래를 유추하고 추세를 가늠할 수 있는 키워드를 기술하려 한다.

혼란의 국제 금융시장, 저금리와 양적 완화

미국은 현재 경기 부양을 위해 전 국민에게 2천달러(약 260만 원) 자금 지원을 약속했다. 두 차례에 걸친 빅컷(큰 폭의 금리 인하)을 단행해 기준금리를 금융위기 수준인 0~0.025%로 인하했고, 우리나라도 이에 대응해 금리를 0.5% 인하했다. 한국은행이 금융통화위원회를 소집해 금리를 인하한 것은 9·11 테러 여파가 컸던 2001년 9월(0.50%p 인하)과 글로벌 금융위기 당시인 2008년 10월(0.75%p 인하) 단 두 차례뿐이다. 필자는 그동안 10년 안에 우리나라도 선진국처럼 0% 금리 시대가 도래할 것이라 주장했다. 그런데 10년이나 더 빠르게 0% 금리 시대가 도래한 것이다.

유럽중앙은행(ECB)도 발 벗고 나섰다. 코로나19 여파로 양적 완화 재개를 선언했다. 7,500억 유로(약 1,132조 원)어치 자산을 매입하는 대규모 부양책이다. 미연준도 가만히 있을 리가 없다. 미연준

―― 위기를 기회로 바꾸는 부의 공식

은 5천억 달러 규모의 국채와 2천억 달러 규모의 모기지 증권을 매입할 것이라고 하더니 이제는 무제한 양적 완화 프로그램 시작을 공식화했다.

그럼에도 불구하고 2020년 3월, 원 달러 환율이 1,290원에 육박하자 우리나라와 미국 중앙은행은 통화스와프를 체결했다. 600억 달러 규모로, 2008년 금융위기 때보다 두 배가 넘는 수준이다.

이에 따라 급등했던 환율도 2020년 3월 25일 기준 1,229원으로 안정을 찾고 있지만 과거를 보면 꼭 안심할 일만은 아니다. 실제로 2008년 금융위기 당시 한미 통화스와프가 체결됐을 때, 환율은 하루 만에 사상 최대 폭인 177원이 내려갔고, 주가는 사상 최대 폭인 12% 가까이 올랐다. 그러나 그 효과는 얼마가지 못했고, 원 달러 환율은 다시 전 고점을 돌파하며 상승했다.

이 글을 쓰고 있는 지금, 미국과 유로존을 중심으로 코로나19 확진자 수가 계속해서 확산 추세에 있고, 경기 침체에 대한 불안감도 여전하다. 달러 강세가 완전하게 완화되기 위해서는 코로나 백신이 개발되거나 코로나 확산 추세가 진정되고 있다는 신호가 나

토막상식 통화스와프(Currency Swap)란?

국가가 현재의 환율(양국 화폐의 교환 비율)에 따라 필요한 만큼의 돈을 상대국과 교환하고, 일정 기간이 지난 후에 최초 계약 때 정한 환율로 원금을 재교환하는 거래를 말한다. 마치 마이너스 통장처럼 달러를 수시로 교환할 수 있는 제도로, 외환시장의 변동성이 커지고 달러 가격이 급등할 때 유용하다.

타나야 할 것이다.

금융시장으로 보는 국내 부동산 시장의 리스크

최근 금융시장을 살펴보며 부동산 시장에 대해 이야기해보자. 부동산 시장은 추세가 살아 있다면 변수는 무시해도 된다. 부동산의 특성상 매수와 매도 거래 자체에 시간이 많이 소요되고 가격 조정 기간이 짧다면 하락 폭 또한 미미하다. 하지만 주식시장은 다르다. 시간이 제한적이고, 낙폭이 어마어마하다. 코로나19 사태로 일주일 동안의 주가 하락이 주식시장을 과거 10년 전으로 회귀시켜 놓았다.

이를 회복하는 데는 또 얼마나 많은 시간이 걸릴까? 우리나라는 미국의 401K 연금처럼 직장인 월급의 일정 부분을 무조건 주식과 펀드에 묶어두게 해 주식시장에 자연스럽게 돈이 흘러 들어가게 만드는 시스템이 없다. 금융에 장기 투자하라고 하면 대부분의 사람이 기함을 한다. 중소기업이 대기업이 장악하고 있는 시장에 뛰어들어서는 쉽게 살아남을 수 없다.

이번 코로나발 금융위기 사태로 부동산 시장의 가장 큰 리스크는 수출 감소와 자본 유출이 환율 급등으로, 기업의 줄도산으로 이어지는 부분이다. 현 정부는 이를 막기 위해 중소기업에 1천조 원

규모의 특별 자금을 지원하는 긴급책을 내놓았다.

기업의 도산은 현재 스코어상 충분히 가능한 시나리오다. 급한 불은 끄고 있지만 리스크가 급격히 높아진 것은 사실이다. 이러한 리스크를 한미 통화스와프로 일단 진정시킨 것이다. 전 세계적인 경제적 리스크가 높을수록 가장 강대국인 미국으로 자산 회귀 효과가 발생하는데, 이를 적절히 해결한 것이 통화스와프다. 다른 것은 제쳐두고 국내 부동산 시장에 닥칠 수도 있는 여러 가지 리스크 중 가장 악질적인(?) 리스크 하나는 일단 해결된 상태라고 말할 수 있다.

부동산 시장의 추세를 살피면 공략할 지역이 보인다

현재 부동산 시장의 추세를 확인할 수 있는 키워드는 바로 전세가다. 2020년 2월 기준 전세수급지수는 2019년 2월보다 58.7 상승한 157.07이다.

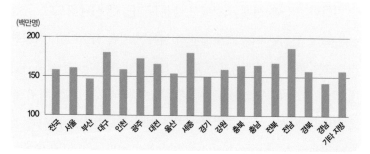

■ 지역별 전세수급지수(2020년 2월 기준)

출처: KB한국은행

　전세수급지수는 전세 수요 대비 공급 수준을 나타내는 지표다. 전세 수급이 균형을 이루는 상태는 100으로, 이보다 상회하면 공급이 부족하다는 뜻이고, 이보다 하회하면 수요가 부족하다는 뜻이다. 2018년 100~120을 등락하던 전세수급지수가 2019년 1월~2월에는 100을 하회했다. 이 당시는 2~3년 전 착공한 아파트가 집중 공급된 기간으로, 수도권 곳곳에서 역전세 현상이 발생했다.

　현재 157이라는 숫자는 무엇을 의미할까? 이는 전세 수요에 비해 공급이 매우 부족하다는 것을 의미한다. 다음 표를 통해서도 알아보자.

　　　　　　　　　　　　　　　　　　── 위기를 기회로 바꾸는 부의 공식

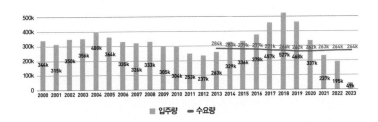

2020년의 주택 공급은 수요 대비 적정선이지만, 2020~2021년에는 공급량이 턱없이 부족할 것으로 전망된다. 실제 2016년 6월 기준금리가 1.5%에서 1.25%로 떨어지며 당시 기준으로 역대 최저 수준이었을 때도 월세 전환이 늘어나며 전세난이 이어진 바 있다. 2020년 4월 기준으로 기준금리까지 사상 최저인 0.75%다. 전세금을 받아 은행에 입금해봐야 이자가 적어도 너무 적다. 이로 인해 월세 전환 움직임이 많다면 수급불균형이 더욱 심화될 것이다. 전세가 상승은 불가피할 것으로 보인다.

전세가는 오르는데 코로나발 여파로 집값이 하락한 지역이 있다면 그곳을 공략하라. 전세가 추이를 공부해야 2020년 이후 부동산 시장 흐름을 확실히 파악할 수 있다.

초도심이 세계를
장악할 것이다

양극화의 산물, 초도심

제4차 산업혁명 시대의 핵심 소재는 빅데이터다. 데이터가 많이 발생하려면 그만큼 인구가 집중되어야 하고, 초집중된 도시일수록 빅데이터 시대에 유리하다. 하지만 초집중된 도시가 있다면 그만큼 배제된 도시도 존재하기 마련이다. 인구와 산업이 집중되어 있는 초도심과 그렇지 않은 도시 사이의 양극화는 지금보다 더욱 커질 전망이다.

글로벌화가 급속도로 진행되면서 전 세계적으로 기업들의 경쟁이 치열해졌다. 하지만 따지고 보면 이런 경쟁이 기업에만 국한된 것은 아니다. 도시 간의 경쟁 또한 매우 치열하다. 전체 국토 면적으로 봤을 때 이러한 도시들의 면적은 미약하지만 타 지역과 인구, 지역 내 생산, 부동산 자산, 금융 자산, 지식 자산을 비교해보면 엄청난 집중도를 보인다.

인구 100만 명 이상의 도시를 메트로폴리스(metropolis), 인구 1천만 명 이상의 도시를 메가시티(megacity)라고 부른다. 그리고 이러한 대도시들이 띠 모양으로 모여 이룬 지역을 메갈로폴리스(megalopolis), 혹은 메가리전(mega region)이라고 부른다. 이런 메가리전이 여러 나라에 걸쳐 존재한다면 메타리전(meta region)이라고 부른다.

우리나라의 메트로폴리스는 창원, 고양, 수원, 용인, 서울, 부산, 인천, 대구, 대전, 광주, 울산까지 11군데이며, 메가시티는 서울 한 군데다. 우리나라의 메갈로폴리스로는 수도권이 있다. 국외에 존재하는 것으로는 미국의 북동부, 오대호, 남캘리포니아 메갈로폴리스와 일본의 태평양 벨트가 있고, 유럽에는 서유럽의 블루 바나나, 남유럽의 골든 바나나, 중부 유럽의 그린 바나나가 대표적이다. 일본 태평양 벨트에 속한 광역권인 도쿄권, 케이한신권의 인구는 각각 4,300만 명, 1,900만 명이다. 2018년 12월 기준, 한국의 수도권 인구는 약 2,580만 명이다(나무위키 '메갈로폴리스' 참조).

유로모니터의 〈2030 메가시티 보고서〉는 2030년에 세계 10개

메가시티 중 7개 도시가 아시아 도시가 될 것이라 전망했다. 미래 글로벌 주요 도심이 아시아로 이동할 것이라는 예측이다. 상당히 고무적인 일이다. 특히 2030년에는 인도네시아 자카르타의 인구가 3,560만 명을 넘어서며 일본 도쿄를 제치고 미래의 세계 최다 인구 도시가 될 것이라고 예측했다.

도시의 집중도라면 우리나라도 뒤처지지 않는다. 우리나라도 수도권 밀집을 막는 것이 능사가 아니다. 세계적인 흐름에 편승해 규제를 풀고 집중도를 높이는 것이 오히려 해답이 될 수도 있다.

■ 2030년 예상 인구 수 상위 5개 도시

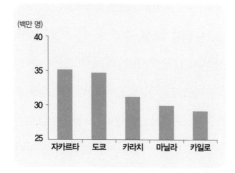

■ 2030년 예상 메가시티 지역

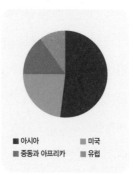

출처: 유로모니터, 〈2030 메가시티 보고서〉

나라가 아닌 도시 중심 세계로 나아가라

전 세계적으로 대도시화 추세가 급진전하는 가운데 이러한 현상을 빗대 '신(新)중세시대'라고 부르는 사람들이 늘고 있다. 과거

위기를 기회로 바꾸는 부의 공식

중세시대에는 국가의 파워가 약한 대신 도시의 파워가 매우 컸기 때문이다.

최근에도 전 세계적으로 40개 도시 지역이 세계 경제의 3분의 2를 차지하고 있고, 자본주의 성장에 중요한 혁신의 90%를 차지하고 있다. 방대한 영토를 지닌 국가보다는 영토는 작지만 파워가 강력한 도시 국가 중심으로 세계가 재편되고 있는 것이다.

미국의 외교 전문지《포린폴리시》는 2009년에 신중세론을 발표하며 앞으로 도시의 영향력이 커질 것을 전망했다. 체계적인 미래 연구로 유명한 지멘스는 이보다 앞선 2007년에 〈메가시티 리포트〉를 발표한 바 있다. 경영 컨설턴트 오마에 겐이치(Omae Kenichi)도 자신의 저서《The Next Global Stage》(국내 미출간)에서 미래 글로벌 경제의 주역으로 '지역 국가'의 부상을 예견했다.

중소 도시들의 운명은?

세상이 대도시 중심으로 움직인다면 힘없는 중소 도시들의 운명은 어떻게 될까? 인구와 경제력, 기술력, 돈을 모두 빼앗기면 중소 도시는 그야말로 대도시의 종속 관계에서 벗어날 수 없게 된다. 따라서 중소 도시는 나름대로의 차별화 전략으로 독특한 콘셉트를 확실히 살려 자신의 입지를 굳건히 할 필요가 있다. 문학, 미술, 공연, 역사, 휴양, 생태, 정신, 다문화, 한방 같은 콘셉트로 세분화할 수 있다.

시티노믹스(Citinomics)는 시티(city)와 이코노믹스(economics)의 합성어다. 이 용어는 풍부한 상상력, 문화, 친환경 등 다양한 측면에서 도시 경쟁력을 갖춰야 도시가 존속·성장할 수 있음을 강조하는 신개념 도시 경제학을 의미한다. 도시 경쟁력이 곧 국가 경쟁력으로 연결되는 만큼 각각의 중소 도시에 맞는 독특한 콘셉트의 시티노믹스 전략이 절실해졌다.

스페인의 빌바오에서 일어난 '빌바오 효과'가 대표적인 전략 중 하나다. 스페인 북부의 자치주 바스크에 있는 해안 도시 빌바오는 15세기부터 철광석 광산과 제철소, 조선소가 있던 공업 도시였다. 빌바오는 1970년대까지만 해도 철강, 화공, 조선 산업으로 번성했지만, 1980년대 불황 이후 중후 장대한 산업이 사양길로 접어들면서 도시의 활력도 크게 떨어져 황폐화되어 갔다.

그로 인해 바스크 주정부는 쇠퇴하는 공업 도시 이미지에서 벗어나기 위해 도시 갱생 방안으로 문화 산업 육성을 계획했다. 그러던 중 미술관으로 세계적 명성을 지닌 구겐하임 재단이 뉴욕을 포함한 전 세계 도시에 지점 미술관을 개장한다는 정보를 입수했다. 바스크 주정부는 각고의 노력 끝에 미술관 유치에 성공했고, 세계적인 건축가 프랭크 게리(Frank Gehry)의 설계로 수십만 개의 티

타늄 판으로 만들어진 독특한 모양의 구겐하임 미술관을 거창하게 개장했다. 총 7,280평 대지에 1,700억 원을 들인 어마어마한 공사였다. 그로 인해 빌바오는 세계적인 문화 명소가 됐다. 미술관 입장객은 개관 3년 만에 35만 명에 이르렀다. 바스크 지방 경제는 4,300억 원에 이르는 수익을 거두었다.

물론 바스크 지방 경제가 미술관 하나만으로 성공을 거둔 것은 아니다. 도시 균형 발전 차원에서 바스크 지방 160개 시골 마을의 독특한 문화 자원을 관광지로 개발했고, 도시와 마을 외곽의 무분별한 확장을 막았다. 이처럼 빌바오는 구겐하임 미술관뿐 아니라 산업, 환경, 주거, 민관 협력, 시민 협력을 아우르는 종합 계획을 세우고 이를 실천함으로써 도시 재건에 성공한 것이다. 미술관이 큰 성공을 거둔 후 건축계에 화려한 대형 건물 건축 붐이 일어났는데, 이를 빌바오 효과라고 부른다.

■ **빌바오 구겐하임 미술관**

출처: 위키피디아

이러한 선례를 통해 도심의 양극화를 극복할 수 있지만 중요한 것은 2008년 이후 빌바오 효과마저 사라지고 있다는 점이다. 이것이 핵심이다. 이제 도심의 집중화를 피할 수 없다.

2016년 다보스 세계 경제포럼은 제4차 산업혁명에 대해 '자본과 재능, 최고 지식을 가진 이에게는 유리하지만 하위 서비스 종사자에게는 불리하기 때문에 장기적으로 중산층 붕괴로 이어질 수 있다'라고 경고했다. 가장 권위 있는 포럼이 가장 똑똑한 자만이 살아남는다고 경고한 것이다.

제4차 산업혁명은 우리나라 고용시장에서 500만 개의 일자리를 앗아갈 것이다(700만 개가 사라지고 200만 개가 생겨날 것이다). 앞서 제4차 산업혁명은 빅데이터가 집약된 초도심이 유리하다고 이야기했다. 수도권과 도심으로 몰리는 인구도 문제이지만 향후 우리를 지배할 제4차 산업혁명도 도심을 좋아하는 것이다. 과거 50년보다 앞으로 10년 동안 더 큰 변화가 찾아올 것이다. 이제 양극화는 거스를 수 없는 대세다. 시대의 흐름을 알고 대비하는 자만이 이 세상에서 살아남을 수 있다.

특히 평당 땅값이 공사비 수준에도 못 미치는 지방의 구축 아파트는 재건축도 어려운 상황이다. 이러한 지방의 구축 아파트는 시간이 갈수록 슬럼화될 가능성이 크다. 부동산도 초도심 신축이 투자의 핵심 키워드임을 재차 강조하고 싶다.

34

부동산 양극화 시대에도
살아남을 서울 부동산은 어디일까

　양극화 시대에도 살아남는 똘똘한 투자는 무엇일까? 국내 부동산 시장의 양극화는 이미 상당히 진행 중이다. 초도심 집중 현상은 세계적인 현상이고, 소득 수준이 높아지면서 주택 수요자들은 양질의 아파트를 선호한다. 정부는 서울의 주택 공급이 충분하다고 하지만 실수요자들이 원하는 양질의 아파트는 부족하다. 정부에서 말하는 서울의 주택 공급은 빌라, 원룸 등이 포함된 것이기 때문이다. 그렇다면 대한민국에서 끝까지 살아남을 서울 부동산은 어디일까?

아시아 부동산 투자 전망 9위 서울

미국의 도시 부동산 연구 단체인 도시부동산학회가 2019년 1월 17일에 발간한 〈2019 글로벌 부동산 시장 전망 리포트〉의 아시아·태평양 지역 도시별 투자 전망 조사 결과, 서울은 5.44점을 받아 22개 주요 도시 중 9위를 차지했다. 2018년 19위에서 10계단이나 급등한 것이다. 서울이 10위권 안에 든 것은 2016년에 7위를 기록한 이후 처음이다.

해외의 큰손들은 2017년 말부터 온건한 속도로 금리 인상을 하는 한국은행을 예의주시하고 있다. 특히 유럽과 북미 지역, 아시아권의 큰손들은 돈이 되는 투자 상품을 찾아 서울 부동산 시장으로 진입하는 중이다. 세계적으로 보았을 때 정치 중심지보다는 경제 중심지의 집값이 높다. 예를 들어 중국의 경우, 정치 중심지인 베이징보다 경제 중심지인 상하이의 집값이 높다. 미국의 경우도 마찬가지다. 워싱턴보다 뉴욕의 집값이 더 높다. 그러나 한국은 정치와 경제가 어우러져 있는 서울을 대체할 도시가 없다. 대체재가 없으면 그 재화의 가격이 높을 수밖에 없다.

국토 및 지역계획으로 보는 서울 부동산의 미래

우리나라의 국토공간계획 체계는 3단계, 즉 국토 및 지역계획, 도시계획, 개별 건축계획으로 나뉜다. 서울은 제5차 국토종합계획 서울시편의 '2030 서울도시기본계획'에서 3도심 7광역으로 나뉜다. 3도심은 한양도성(4대문), 영등포·여의도, 강남이고, 7광역은 용산, 청량리·왕십리, 창동·상계, 상암·수색, 마곡, 가산·대림, 잠실이다. 강북에서 15억 원이 넘어가는 단지들은 거의 3도심에 위치해 있다는 점을 명심하자. 지금부터 해당 지역들에 대해 좀 더 자세히 살펴보자.

■ 서울 3도심 7광역 중심 분석

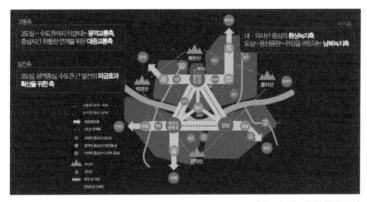

출처: 2030서울도시기본계획 본보고서

트라이앵글 속 알짜 도시 용산

3도심이 만드는 트라이앵글 안에 용산이 있다. 용산은 서울역, 용산역, 노량진역을 지하화하고 남은 지상 공간에 숲길을 조성해 뛰어난 환경을 자랑한다. 그리고 강남과는 다르게 배산임수 지형이다. 뒤로는 남산이 있고, 앞으로는 한강이 흐른다.

또한 용산에는 2027년에 약 234만㎡에 달하는, 여의도의 면적과 비슷한 용산민족공원이 들어설 예정이다. 참고로 미국 뉴욕에 있는 센트럴파크의 면적은 약 340㎡로, 1년에 1억여 명이 방문한다. 용산도 서울 도심 속 센트럴파크가 될 전망이다.

용산민족공원 앞에는 이촌코오롱, 이촌현대맨션, 이촌한강맨션, 이촌보람더하임 등이 있고, 옆으로는 푸르지오파크타운이 있다. 소득 수준이 높은 대한민국 부자들은 환경을 중요시한다. 뒤로는 대한민국 최대 규모의 공원이 있고, 앞으로는 한강이 보이는 유일한 아파트들로, 압구정동의 시세를 뛰어넘을 수 있는 강북 유일의 아파트들이다.

강북에 면적 59㎡가 10억 원이 넘는 단지들이 속속 등장하고 있다. 이 아파트들의 공통점은 신축한 지 5년이 넘지 않았고, 한강 변에 위치해 있으며, 직장으로 가는 대로를 끼고 있다는 점이다. e편한세상옥수파크힐스, 마포리버파크, 래미안옥수리버젠, 서울숲 푸르지오는 연식이 조금 됐지만 10억 원을 넘어섰다. 희소성이 있는

——위기를 기회로 바꾸는 부의 공식

아파트들이다. 이런 희소성이 있는 아파트들은 경제가 어려워져
도 하방경직성을 띤다.

경제기반형 도시가 될 영등포

영등포는 유일하게 경제기반형 도시로 탈바꿈할 것이다. 예로
부터 집창촌이 있는 곳은 주민들의 왕래가 많았다. 청량리는 집창
촌이 철거되고 초고층 건물들이 세워지며 환골탈태 중이지만 영등
포는 아직 아니다. 영등포구청은 2019년에 집창촌 구역의 재정비
계획을 발표하며 개발에 박차를 가하고 있다.

영등포는 아직 저평가된 지역이다. 제5차 국토종합계획 서울시
편의 '2030 서울도시기본계획'에서 유일하게 경제기반형 도시로
설계한 만큼 서영물류단지 등 소규모 공장들이 나가고 첨단지식산
업센터, 연구개발센터, MICE 복합단지 등 고연봉 일자리들이 생겨
날 것이다.

'영동'이라는 말은 영등포의 동쪽이란 뜻이다. 그만큼 과거 영등
포는 서울 면적의 34%를 차지하며 영화를 누렸다. 영등포의 신축
도 좋고, 구축이라면 재건축 가능성이 있는 단지에 투자하라. 영등

MICE란?
기업회의(Meeting), 포상관광(Incentive), 컨벤션(Convention), 전시(Exhibition)의 네 분야를 통
틀어 말하는 서비스 산업이다.

포의 환골탈태가 사뭇 기대된다.

서울 안의 새로운 도시 강남

같은 서울이지만 강남이 갖는 위상은 엄청나다. 서민이 강남에 입성하기란 매우 힘들지만 기회가 아예 없는 것은 아니다. 경제위기는 언제든 도래할 수 있다. 미국 달러에 투자해 종잣돈을 늘린다면 강남 입성 기회를 잡을 수 있고, 경매를 배운다면 저렴한 가격에 강남 부동산을 잡을 기회가 생길 수도 있다.

강남이 어렵다면 우리에겐 수도권 시장에 엄청난 파급력을 가져올 GTX라는 교통수단이 있다. GTX를 이용하면 수도권 어디에서든 강남으로 20분 안에 도달할 수 있다. GTX를 도보로 이용할 수 있거나 환승 수단을 이용해 10분 안에 도착할 수 있는 곳에 위치한 신축 아파트에 투자할 것을 추천한다.

강남도 현재 환골탈태 중이다. 삼성역과 봉은사역 사이 630m 구간에 영동대로 복합환승센터 개발 계획이 있다. 이미 정부의 승인 절차가 끝나 착공이 확정된 초대형 프로젝트다. GTX-A·C노선과 위례신사선이 지나고, 지하철 2·9호선 및 버스·택시 환승 시설이 들어설 예정이다. 지하 1~3층에는 버스·택시 정류장과 공공·상업 시설이 들어서고, 지하 4층에는 GTX 승강장, 5층에는 위례신사선 및 업무 시설이 건립된다.

지상에는 더 임청난 프로젝트가 있다. 현대차 GBC 개발 사업이 바로 그것이다. 축구장의 11배에 달하는 7만 9,342㎡ 용지에 105층짜리 타워 1개 동, 35층짜리 숙박·업무 시설 1개 동, 6~9층의 전시·컨벤션·공연장 3개 동을 짓는 사업이다. 105층 타워의 완공 시 높이는 569m로, 현재 국내에서 가장 높은 건물인 123층 잠실 롯데월드타워(555m)보다 14m가 더 높다.

■ 영동대로 지하 공간 복합개발 조감도

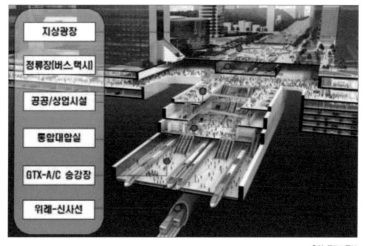

출처: 국토교통부

롯데월드타워에는 1만 명 정도가 근무한다. GBC는 롯데월드타워보다 면적이 3배나 크다. 하나의 건물에서 3만 명이 근무할 수 있다는 결론이 나온다. 영동대로 지하천국(?)이 개발되면 3만 명의 일자리가 창출되고, 뒤쪽에 MICE 복합단지가 들어서면 1만 명이 근무할 수 있다고 한다. 대략 계산해도 이 한 블록에서 7만 명이 근무하는 셈이다. 3인 가족으로 따지면 약 20만 명 이상이 강남을 거점으로 하는 인구가 되는 것이다.

일단 삼성동 주변 역삼동, 도곡동, 대치동, 청담동, 압구정동 어디든 좋고, 아파트가 어렵다면 이 지역의 오피스텔에 투자하는 것도 괜찮다. 삼성동과 연결되는 2호선 라인의 아파트와 건너편 옥수동, 금호동, 성수동, 자양동, 구의동 아파트도 주의 깊게 살펴보자.

교통의 중심지가 될 수서역세권

마지막으로 수서역세권 개발이다. 강남구 수서동 187번지 일대 38만 6,390㎡는 업무·유통·주거 시설을 갖춘 복합도시로 개발된다. 사업 기간은 2021년까지로, 사업비 6,700억 원, 토지보상비 3,625억 원이 풀린다. 철도와 도로, 주차장, 복합 커뮤니티 시설 등이 들어서고, SRT 환승센터와 연구개발센터, 유통 시설, 주거 시설이 들어선다.

또한 지하철 3호선, 분당선, GTX, 수서광주선이 들어설 예정이고, 위례과천선 경유도 추진 중이다. 교통의 요충지에 공공주택 2,530가구가 들어선다.

주목할 점은 자족 시설인 업무 단지의 규모가 13만 평으로, 판교테크노밸리 19만 평에 조금 못 미친다는 점이다. 하지만 판교와 는 다르게 고밀도로 개발되어 약 8만 명이 근무하는 시설이 들어 설 예정이다. 수서역세권이 개발되면 강남에서 저평가되고 있는 세곡동과 일원동은 물론, 가락동, 송파동, 방이동, 마천동, 위례 아 파트에 초대형 호재로 작용할 것이다.

■ 수서역 주변 개발 상황

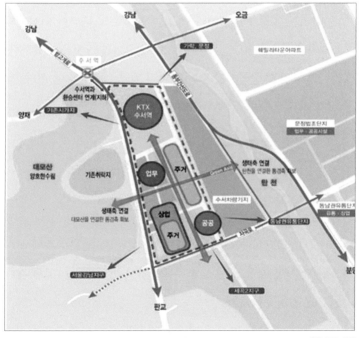

출처: 국토교통부

강남 집값, 더 상승할 수 있을까

최근 기사들을 보면 강남 집값이 평당 1억 원을 찍었다고 야단들이다. 강남 집값이 과연 그렇게 높은 걸까? 국내에만 한정할 것이 아니라 다른 나라와 비교해보자. 세계 주요 도시의 평균 집값을 살펴보자. 홍콩은 평당 1억 9천만 원, 런던은 1억 6천만 원, 싱가폴은 1억 2천만 원, 스위스의 제네바는 1억 1천만 원이다. 뉴욕과 시드니, 파리는 평당 1억 원이다. 하물며 사회주의 나라인 러시아의 모스크바도 평당 9,300만 원이다. 이는 평균가라는 것을 명심하자. 우리나라의 가장 중심지인 강남은 아직 평균 1억 원이 안 된다. 최근 고가 주택에 대한 규제로 거래가 주춤하지만 충분히 상승 여력이 있다.

누구나 살고 싶어 하는 주택이 부족하다

부동산도 양극화 시대임을 재차 강조한다. 최근 고가 주택에 대한 규제로 서울 부동산 시장이 주춤하지만 미래에는 어떻게 흘러갈지 흐름을 유추해보자.

최근 서울 부동산 가격은 매년 30% 정도씩 상승해 3~4년 전에 비해 거의 두 배가 오른 곳이 많다. 그렇다면 서울의 집값이 과연 폭등한 것일까? 최근에 시세가 분출한 것은 맞지만 과거 10년 치를 통계내보면 강남구와 서초구의 아파트는 연평균 7~8% 정도 꾸준히 상승했다. 이는 물가상승률을 약간 웃도는 수준이다.

서울에는 총 379만 가구가 거주하고 있다. 이 중 아파트에 거주하는 세대는 164만 가구이며, 다가구, 빌라, 단독주택에 거주하는 세대는 215만 가구다. 가구당 월평균 소득은 453만 원이고, 상위 20%의 소득은 월평균 913만 원이다. 연 1억 원 이상 버는 가구가 서울에만 76만 가구가 있다.

서울에는 총 164만 호의 아파트가 있지만 많은 사람이 살고 싶어 하는 지역인 강남 3구(강남구, 서초구, 송파구)와 마포구, 용산구, 성동구에는 50만 호의 아파트가 있다. 서울 아파트 중 20년 이상 된 아파트는 50%, 30년 이상 된 아파트는 30%다. 이러한 수치만 보면 서울은 전국에서 가장 늙은 도시다. 신축 아파트가 인기 있는 것은 바로 이러한 이유 때문이다.

서울의 자가 보유 비율은 42%로, 우리나라 전체 평균보다 낮다. 집주인이 실제 거주하는 집은 시장이 좋을 때 내놓을 이유가 없으니 제외하자. 그렇다면 거래 가능한 아파트는 총 65만 호라는 결론이 나온다. 주목할 점은 164만 호 중 17만 호 정도는 장기임대주택으로 등록되어 있어 앞으로 6~7년간 매물이 나오기 힘들다는 것이다. 그렇다면 실제 거래 가능한 아파트는 48만 호다.

정리하면 현재 서울에서 연 1억 원 이상 버는 가구는 76만 가구이고, 거래 가능한 아파트는 48만 호이며, 고소득층이 살고 싶어 하는 지역에는 아파트가 부족하다는 것이다. 빌라와 단독주택에 거주하는 수요들도 언젠가는 아파트로 갈아탈 기회를 호시탐탐 노리고 있다.

서울 부동산, 어디로 갈 것인가

앞서 이야기했듯 서울 부동산 가격은 최근 폭등했지만 과거 10년을 살펴보면 물가상승률을 약간 웃도는 수준이다. 그리고 이미 상당수의 주택이 노후화되었고, 고소득층이 살고 싶어 하는 지역의 신축 아파트는 턱없이 부족하다. '재건축=집값 폭등'으로 인식되는 현 정부의 기조상 재건축도 수월하지 않을 듯하다. 그렇다고 해서 아예 진행이 안 되지는 않을 것이고, 조금씩 순차적으로 진행될 전망이다.

버핏지수를 통해 서울 집값의 현주소를 살펴보자. 버핏지수란 시가총액을 GDP로 나눈 지수로, 주식에서 주로 사용하지만 주택 시장에도 적용할 수 있다.

$$\text{버핏지수} = \frac{\text{주택 시가총액}}{\text{GDP}}$$

버핏지수는 객관적인 지표를 기준으로 하기 때문에 신뢰할 만하다. 2018년 기준 국내 주택 시가총액은 4,022조 5천억 원으로, 1년 전보다 7.6% 늘었다. 이 총액과 1,730조 4천억 원인 명목 GDP 대비 버핏지수는 2.32배에 달한다. 2017년 GDP 대비 주택 시가총액 배율인 2.28배보다 높아진 것은 물론, 관련 통계가 작성된 1995년 이후 사상 최고치다. GDP 대비 주택 시가총액 배율만 따지면 주요 선진국보다 높은 수치로, 이로 인해 서울 집값이 다른 나라에 비해 상대적으로 고평가되었다는 주장도 있다.

한국은 2015년 기준 2.24배로, 미국(1.3배), 일본(1.8배), 캐나다(2.0배) 등을 크게 앞지른다. 최근 몇 년간 더욱 급등한 집값 추세를 감안하면 격차는 더욱 벌어질 것이다. 물론 한국은 프랑스(3.2배), 호주(3.0배) 등보다는 낮은 수준이라는 점도 알아두자.

수익을 내는 부동산은 어디일까

현재 정부는 고가 주택을 대출로 압박하고 있다. 거래량이 줄고 신축 아파트 가격은 이미 많이 올라 피로도가 쌓인 것도 사실이다. 그렇다면 작금의 부동산 시장에서 살아남는 부동산이 아니라 수익을 내면서 살아남는 부동산은 어디일까?

결론을 도출하자. 현재 서울의 부동산은 신축 아파트로 지어질 재건축이 답이다. 신축 아파트를 공급하지 않을 수 없는 상황에서 한 단지 한 단지 인허가를 내주고, 분양을 하고, 준공이 되면 그 단지로 엄청난 유동 자금이 몰릴 것이 자명하다. 서울의 76만 고소득 가구만 수요로 쳐도 어마어마하지만 서울 빌라에 사는 200만 가구와 지방에 거주하며 상경을 꿈꾸는(?) 연 1억 원 이상 고소득층인 300만 가구도 서울의 신축 아파트를 호시탐탐 노리고 있다.

서울의 재건축 단지는 입지가 좋은 곳이 많다. 입지가 좋은 곳에 신축 아파트가 공급될 수 있는 재건축이 현재 서울 부동산 시장에서는 가장 큰 기회가 될 것이다. 재건축에 걸리는 시간이 요원하게 느껴진다면 관리처분인가를 목전에 두고 있는 아파트를 매입하고 5~6년만 기다려라. 입지 좋은 재건축 단지에 웅장하게 들어선 신축 아파트의 프리미엄을 충분히 누릴 수 있을 것이다.

—— 위기를 기회로 바꾸는 부의 공식

실전투자

엑셀을 몰라도 할 수 있는
통계 분석

이번 장에서는 누구나 쉽게 부동산 상승 흐름에 편승하고 하락의 전조증상을 확인하는 방법을 알려주려 한다. 이를 통해 좋은 부동산을 고르는 안목을 기를 수 있을 것이다.

실전에서 사용하는 방법이고, 필자 또한 이 방법을 통해 좋은 아파트에 투자할 수 있었다. 사족은 모두 없애고 필요한 내용만 담았으니 꼭 읽고 숙지하기 바란다.

엑셀 대신 프롭테크

미국 실리콘밸리에서 화두가 되는 단어가 있다. 그것은 바로 프롭테크(Proptech)로, 부동산(Property)과 기술(Technology)의 합성어다. 쉽게 말하면, 정보 기술을 부동산 서비스에 결합해 누구나 쉽게 정보를 얻고 이용할 수 있게 만드는 것을 말한다.

우리나라 정부도 최근 프롭테크 사업을 지원하고 있다. 2019년 6월 11일 국토교통부, 서울특별시, 인천광역시, 경기도는 부동산 실거래 정보를 일원화한다고 밝혔다. 앞으로는 시스템 간 차이 없이 연간 약 2천만 명에게 같은 실거래 정보가 제공된다.

우리나라에서는 2012년 부동산 애플리케이션 직방을 시작으로 프롭테크 사업을 하는 회사들이 속속 등장하고 있다. 한국프롭테크포럼에는 무려 150개에 가까운 회원사가 있다.

부동산 시장이 무섭게 변하고 있다. 얼마 전까지만 해도 KB국민은행 시계열 자료에 들어가 60여 가지의 통계를 확인하고, 통계청 자료를 인용해 그래프로 화려하게 흐름을 분석하는 사람이 전문가인 세상이었다. 이러한 프롭테크를 활용한다면 엑셀을 잘 몰라도 방대한 자료를 통해 모든 통계를 확인할 수 있다. 사용법만 잘 알아도 통계 전문가가 될 수 있는 세상이다.

■ 부동산지인 사이트

출처: 부동산지인

　부동산지인에는 방대한 자료가 있다. '아파트 분석' 부분에 들어가면 각 시도군을 비롯해 동별 시세 흐름, 단지 정보, 평면도, 인근 아파트 시세 등을 확인할 수 있다.

　또 상단의 '지인 빅데이터'에 들어가면 전출입, 증감, 입주, 거래량, 경매 등을 쉽게 확인할 수 있다. 이뿐만이 아니다. 미분양 증가 TOP10 지역을 정리해주어 이슈가 되는 지역을 한눈에 살펴볼 수 있고, 미분양, 전출입, 인구 세대수 등을 시군구별로 확인할 수 있다.

　지금부터 부동산지인(aptgin.com)을 활용해 부동산 정보를 쉽게 확인하고, 투자에 활용할 수 있는 방법을 소개하도록 하겠다.

부동산 거래량 확인하기

부동산 가격이 상승하려면 먼저 거래가 일어나야 한다. 과거에는 한국감정원 통계 사이트의 '부동산 통계 정보 시스템→ 부동산 거래 현황→ 아파트 매매 거래 현황'을 통해야만 거래량을 확인할 수 있었다. 요즘은 부동산지인이 대부분의 통계 자료를 가공해 아낌없이 나누고 있다. 사용법만 숙지하면 되니 이 얼마나 감사한 일인가? 사이트 상단에서 '지인 빅데이터→ 거래량'을 클릭하면 확인 가능하다.

부동산 가격 상승의 트리거는 거래량 증가다. 과거에는 부동산을 거래하면 60일 이내에 실거래 신고를 해야 했지만 법이 개정되면서 30일 이내로 바뀌었다. 거래량은 계약일 기준이다. 거래량이 평균 이상으로 증가할 경우, 바로 그래프에 적용된다.

부동산지인을 통해 서울의 부동산 거래량을 살펴보자. 차트를 보면 서울의 부동산 거래량은 2015년 1~3월 사이에 당월 평균 거래량 대비 2배 넘게 급증하며 지인지수 또한 동반 상승한 모습이다.

■ 서울의 부동산 거래량 추이

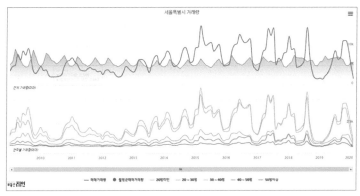

출처: 부동산지인

　　매매 지인지수가 55라는 것은 그 지역의 아파트가 절반 가까이 움직였다는 뜻이다. 거래량이 증가하면 나머지 지표들은 따라서 움직인다. 이는 아파트 시장이 수요와 공급만으로 논할 수 없는 복잡한 시장이 되었다는 것을 뜻한다. 아파트 상승을 예견하는 가장 중요한 지표이니 검색 방법을 반드시 숙지하기 바란다.

지인지수란?

지인지수는 부동산지인에서 시장의 상승 정도를 나타낸다. 지인지수가 꺾인 모양을 보이면 상승이 일단 멈추었다는 뜻이다. 만약 정점을 찍고 지속적인 내림세를 보인다면 일단 그 지역은 주의하는 것이 좋다. 지인지수가 0 이상이면 가격이 오르는 상태라고 생각하면 된다. 지수가 마이너스이면 그 지역은 하락 중이라고 생각하면 되고, 반대로 지수가 200 이상이면 대부분의 아파트가 상승 중이라고 생각하면 된다. 거래량은 아파트 상승의 바로미터다. 부동산지인을 통해 지역을 분석하고 거래량을 확인한다면 누구나 쉽게 상승장에 합류할 수 있다.

가장 중요한 미분양지수 알아보기

부동산의 흐름을 유추할 수 있는 가장 중요한 지표 중 하나인 미분양지수에 대해 알아보자.

■ **기간별 미분양 현황**

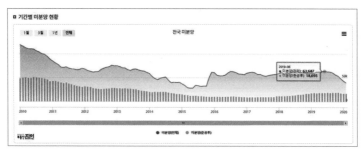

미분양지수도 부동산지인을 통해 확인할 수 있다. 이 역시 사이트 상단의 '지인 빅데이터'를 클릭하면 된다. 미분양은 준공 이후 미분양지수로 확인하는 것이 가장 정확하다. 준공 이후 미분양은 악성 미분양으로 분류되는데, 부동산지인도 이 데이터를 기반으로 하고 있다.

위의 데이터를 살펴보면 2019년 6월 준공 전 미분양 물량은 63,687호다. 준공 후 미분양 물량은 18,693호로, 최저를 기록한 2015년 10월 10,792호보다 다소 높지만 그리 우려할 수준은 아니다.

미분양은 전체 물량도 중요하지만 각 지역의 물량을 살펴보아야 한다. 다음은 2020년 2월 기준 미분양 증가 TOP10 지역이다. (지인 빅데이터→ TOP10)

■ 미분양 증가 TOP10 지역

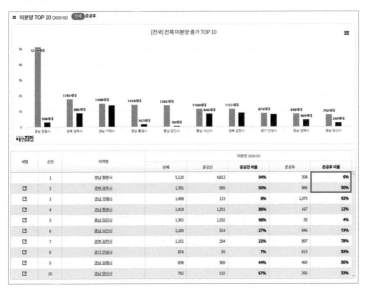

상단 그래프를 보면 경남 창원, 경북 경주, 경남 거제, 경남 통영, 충남 당진 순으로 미분양 물량이 많지만 그래프만 보고 판단해서는 오판을 할 수 있으니 주의하자.

그래프 아래 표를 보자. 창원의 경우, 준공 후 미분양도 6%로, 여전히 높은 수치다. 경주는 준공 후 비율이 무려 50%다. 경남 창원의 미분양은 마산의 월영 부영아파트가 원인이었다. 그러나 최근 준공 후 미분양 물량이 현저히 줄어들었고, 이 지역의 부동산 흐름도 좋아지고 있다.

수도권 중 특이하게 안성의 미분양이 눈에 띈다. 그동안 안성은 평택과 더불어 공급 과잉으로 인해 미분양이 많은 지역이었다. 안성의 준공 후 미분양 물량이 줄어드는지 추이를 확인하면 지역의 흐름을 어느 정도 유추할 수 있다. 경남 거제, 김해, 김천 등은 아직 갈 길이 요원해 보이지만 충남 당진의 준공 후 미분양 물량은 많이 줄어들었음을 알 수 있다. 최근 충청권의 흐름이 좋으니 서산과 당진의 미분양 물량이 줄어드는지도 체크해보자. 이런 식으로 미분양지수를 파악하고 흐름을 파악하는 것은 시장을 읽는 힘을 기르는 데 많은 도움이 된다.

정리하자면 세 가지 지표에만 집중하면 된다. 그리고 각각의 지표가 의미하는 바를 파악하면 부동산 시장을 읽는 눈이 넓어질 것이다.

거래량 증가 → 부동산 상승 신호탄
미분양 증가 → 하락 전조 증상
미분양 수치 감소 → 회복 추세

——위기를 기회로 바꾸는 부의 공식

실전투자

인구 이동을 통해
부동산 흐름 파악하기

인구의 순유입을 알아보는 인구전출입지수

앞서 부동산 투자 시 알아야 할 대표 통계지수인 부동산 거래량과 미분양지수에 대해 알아보았다. 한 가지만 더 짚고 넘어가자. 바로 인구전출입지수로, 인구가 어디로 이동하고 얼마나 순유출·순유입됐는지 파악할 수 있는 지표다.

가까운 지역에 입주 물량이 터지면 다른 지역이 영향을 받는다. 인구가 왜 A지역에서 B지역으로 이동하는지 그 원인을 분석해야 한다. 대부분은 집값 상승으로 인해 신규 아파트 이주 수요가 대체

■ 인구전출입지수 지도

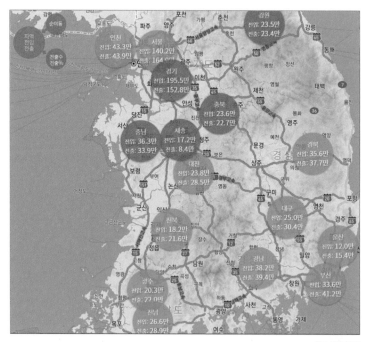

출처: 부동산지인

지역으로 이주한 것으로 볼 수 있다.

부동산지인 상단의 '빅데이터 지도→ 전출입'을 클릭하면 위와 같은 지도를 확인할 수 있다. 위의 지도에서 빨간색은 전입이 전출보다 많은 지역을 뜻하고, 파란색은 그 반대다. 지도를 보면 서울 수도권과 충청 지역을 제외한 나머지 지역에는 인구가 순유출되었음을 알 수 있다. 의미 있는 통계이니 숙고하기 바란다.

——위기를 기회로 바꾸는 부의 공식

수도권은 대체 불가 지역이다. 순인구 이동을 살펴보면 혁신도시와 세종시 입주가 시작된 이후 지역별로 조금 줄어든 모습을 보였지만, 입주가 마무리된 시점에 다시 증가하기 시작했다. 단언컨대 수도권 인구 집중은 피하기 힘들다. 사람은 일자리를 따라 움직이기 때문이다.

전통적인 제조업체는 높은 임금을 견디지 못하고 공장을 해외로 이전하고 있어 국내에는 연구개발, 마케팅 등 핵심적인 기능만 남게 될 것이다. 조선, 철강 등 제조업의 입지는 중국의 영향으로 점점 줄어들 것이고, 정보 기술, 첨단산업, 관광, 의료 등 서비스 산업은 경쟁력을 유지하고 있다. 수도권에 자리 잡는 것이 유리한 기술과 산업들이 우리나라 경제를 지탱하고 있는 것이다.

이러한 산업 구조의 변화는 인구 이동에도 그대로 반영된다. 인구 50만 명 전후의 지방 도시뿐 아니라 중심지인 지방 광역시의 인구가 줄어들고 있는 것은 세계적인 동조화 현상이다. 울산에서는 2018년 한 해에만 1만 2천 명의 인구가 순유출됐다. 대전의 인구는 2019년 1월 150만 명 아래로 떨어졌다. 부산과 대구도 경제가 위축되면서 인구 유출이 이루어지고 있다. 반면 경기도의 인구는 2015년 이후 25만 명 이상 증가한 것을 기억하라.

서울과 수도권에만 한정해 인구 변화를 살펴볼 수도 있다. 지도에서 수도권을 확대하면 구별로 인구전출입지수를 확인할 수 있다.

출처: 부동산지인

지도를 살펴보면 구리, 하남, 시흥, 용인 등에서 전입 세대가 증가했음을 알 수 있다. 대규모 택지개발지구 입주와 신규 입주 물량들이 분포된 지역이다.

부동산지인 프롭테크 서비스의 하이라이트는 전국 지역별로 볼 수 있는 수요·공급 통계다. 부동산지인 상단의 '수요/입주'를 선택하면 다음과 같이 표로 전국 아파트의 수요량과 입주량을 확인할 수 있다. '과잉'이라고 표시된 곳은 수요보다 입주가 많아 공급이 과잉된 지역이라는 뜻이고, '부족'이라고 표시된 곳은 수요보다 공급이 부족한 지역이라는 뜻이다. 이 표를 통해 각 지역의 수요 대비 공급이 적정한지, 과잉인지, 부족한지를 쉽게 파악할 수 있다.

■ 전국 아파트의 수요량과 입주량

| 지역선택 | 전국 ▾ | 주택유형 | 아파트(분양,임대) ▾ | | | | | | | | | | 검색 |

구분(지역)	인구수	2019 아파트			2020 아파트			2021 아파트			2022 아파트		
		수요량	입주량	밸래	수요량	입주량	밸래	수요량	입주량	밸래	수요량	입주량	밸래
전국	51,844,627	262,392	469,749	과잉	262,365	336,919	초과	263,100	237,336	적정	263,784	196,078	부족
서울	9,736,962	49,235	60,515	초과	49,275	46,436	적정	49,171	22,973	강축	49,078	12,545	부족
부산	3,410,925	17,276	36,476	과잉	17,261	28,699	과잉	17,206	16,847	적정	17,151	25,325	과잉
대구	2,432,883	12,338	11,950	적정	12,312	15,982	초과	12,276	19,553	초과	12,238	18,631	과잉
인천	2,954,955	14,964	16,829	초과	14,954	18,669	초과	15,065	15,923	초과	15,170	27,833	과잉
광주	1,456,121	7,371	16,078	과잉	7,369	11,526	과잉	7,367	4,540	부족	7,364	13,015	과잉
대전	1,473,125	7,464	5,769	부족	7,455	6,924	적정	7,476	5,633	부족	7,495	6,098	적정
울산	1,145,710	5,810	12,744	과잉	5,798	4,162	부족	5,814	1,418	부족	5,828	793	부족
세종	343,788	1,724	12,289	과잉	1,740	5,632	과잉	1,788	7,668	과잉	1,834	2,157	과잉
경기	13,265,377	67,001	157,041	과잉	67,131	111,893	과잉	67,628	91,864	초과	68,098	59,169	적정
강원	1,539,521	7,801	21,187	과잉	7,791	10,887	초과	7,809	9,436	초과	7,826	5,359	부족
충북	1,598,599	8,097	12,726	과잉	8,090	11,715	과잉	8,135	7,434	적정	8,178	4,363	부족
충남	2,120,995	10,747	9,638	적정	10,734	10,152	적정	10,824	7,381	적정	10,910	9,414	적정
전북	1,815,112	9,205	13,513	과잉	9,186	12,570	과잉	9,177	4,937	부족	9,168	3,821	부족
전남	1,861,894	9,457	11,222	적정	9,422	10,895	적정	9,414	9,479	적정	9,405	4,504	부족

출처: 부동산지인

좀 더 세부 지역을 선택하면 구별 수요량과 입주량을 확인해볼 수도 있으니 자신이 사는 지역이 어떤 상황인지 파악해보자. 서울특별시를 선택하면 다음과 같이 구별 수요량과 입주량을 살펴볼 수 있다.

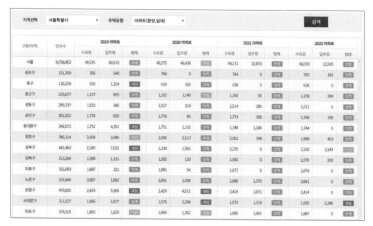

구분(지역)	인구수	2019 아파트			2020 아파트			2021 아파트			2022 아파트		
		수요량	입주량	범례	수요량	입주량	범례	수요량	입주량	범례	수요량	입주량	범례
서울	9,736,962	49,235	60,515	과잉	49,275	46,436	적정	49,171	22,973	부족	49,078	12,545	부족
종로구	151,309	766	540	부족	766	0	부족	764	0	부족	763	182	부족
중구	126,259	639	1,254	과잉	639	325	부족	638	0	부족	636	0	부족
용산구	229,677	1,157	835	부족	1,162	1,140	적정	1,160	55	부족	1,158	384	부족
성동구	299,797	1,523	186	부족	1,517	214	부족	1,514	280	부족	1,511	0	부족
광진구	351,032	1,778	650	부족	1,776	85	부족	1,773	390	부족	1,769	730	부족
동대문구	346,072	1,752	4,251	과잉	1,751	1,131	부족	1,748	1,186	부족	1,744	0	부족
중랑구	396,314	2,009	2,046	적정	2,006	2,513	부족	2,001	708	부족	1,996	403	부족
성북구	442,483	2,240	7,031	과잉	2,239	1,561	부족	2,235	0	부족	2,230	2,143	적정
강북구	313,289	1,589	1,121	부족	1,585	120	부족	1,582	0	부족	1,579	203	부족
도봉구	332,083	1,687	221	부족	1,681	54	부족	1,677	0	부족	1,674	0	부족
노원구	531,840	2,697	1,082	부족	2,691	1,508	부족	2,686	1,370	부족	2,681	0	부족
은평구	479,205	2,429	5,306	과잉	2,424	4,571	과잉	2,419	1,871	부족	2,414	0	부족
서대문구	311,327	1,566	1,977	노족	1,576	120	과잉	1,572	1,116	부족	1,569	2,386	과잉
마포구	374,315	1,893	1,629	적정	1,894	1,762	적정	1,890	1,431	부족	1,887	0	부족

출처: 부동산지인

이를 통해 우리는 전국의 부동산 흐름을 파악할 수 있다. 센스 있는 독자라면 어느 지역에 관심을 가져야 하는지 이미 파악을 끝냈을 것이다.

이외에도 프롭테크 하나로 입주 물량은 물론, 내가 원하는 지역에서 가장 잘나가는 아파트를 확인할 수 있다. 또한 입주 지도, 실거래가, 입주 년도 등 대한민국 아파트에 대한 대부분의 자료를 확인할 수 있다.

머리를 싸매고 엑셀로 통계를 정리하는 시대는 지났다. 책상에 앉아 우아하게 커피 한잔하며 검색만 해도 전국의 부동산 흐름을 파악할 수 있다. 앉아서 거래할 수 있는 시장도 조만간 도래할 것이다. 그 시대는 생각보다 빨리 올 것이다.

프롭테크를 잘 이용하고 싶다면 주말 서너 시간만이라도 사이트를 탐독하라. 그러면 당신은 어느 순간 통계 전문가, 시장을 읽을 줄 아는 마켓 전문가가 되어 있을 것이다.

실전투자

초보자도 할 수 있는
입지 분석 레시피

부동산 투자를 할 때 입지 분석이 중요하다는 사실은 굳이 말하지 않아도 알 것이다. 그래서 입지 분석에 골머리를 앓는 투자자가 많은데, 사실 입지 분석은 그리 어렵지 않다. 지도만 볼 줄 알면 모르는 지역이라도 한눈에 파악이 가능하다. 초보자라도 인터넷에 지적도, 일반 지도, 학군, 개발 계획을 검색할 줄만 안다면 웬만한 입지는 분석할 수 있다.

1. 지적도 살펴보기

일단 지적도를 통해 원하는 곳의 중심가를 찾아보자. 네이버 지도(map. naver. com) 오른쪽 상단을 보면 지적편집도가 있다. 그것을 클릭해 원하는 지역을 검색하면 지적도를 확인할 수 있다. 다음은 서울시의 지적도다.

■ **서울시의 지적도**

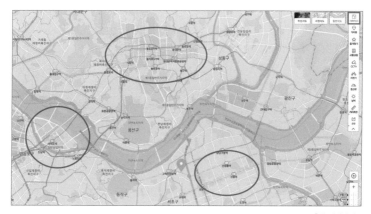

출처: 네이버 지도

각 지구마다 색이 다르게 표시되는데, 분홍색이 상업지구다. 여의도와 강남은 테헤란로를 중심으로 상업지구가 형성된 것을 알 수 있다.

출처: 네이버 지도

전주시의 지적도를 살펴보자. 상업지구가 여러 곳에 분포되어 있는데, 모양이 반듯한 것으로 보아 계획도시, 즉 신도시나 혁신도시, 택지개발지구라는 것을 추측할 수 있다. 상업지구 모양이 일정하지 않은 곳은 구도심이라고 보면 된다.

사람들은 대개 구도심보다는 신도시를 선호하고, 택지개발지구를 선호한다. 가보지 못해 잘 알지 못하는 지역이라도 지적도를 통해 그 지역의 중심가를 쉽게 확인할 수 있다.

2. 일반 지도 살펴보기

■ 천안시의 일반 지도

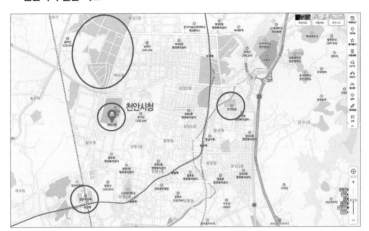

출처: 네이버 지도

지적도를 통해 도시의 큰 맥락을 짚어봤다면 우리가 평소에 보는 일반 지도로 지역을 세세하게 살펴보자. 일반 지도를 보면 4차선 이상 도로는 노란색으로 표시되어 있다. 이 도로가 반듯하거나 4차선 도로 안의 소도로가 반듯하다면 계획도시로 개발된 곳이라고 생각하면 된다.

지도에 보이는 천안시청에서 왼쪽은 불당신도시다. 더 확대해 보면 길이 반듯하게 나 있는 것을 확인할 수 있는데, 이를 통해 계획된 신도시임을 알 수 있다. 오른쪽 천안역 인근에 있는 성정동,

문성동 등은 우후준순으로 형성된 도시임을 알 수 있다.

일반 지도를 통해 시청 위치도 파악하자. 시청은 가장 좋은 입지보다는 도심 중앙에 위치해 있는 경우가 많다. 시청 위치를 통해 그 도시가 어디서부터 형성됐는지 유추가 가능하다. 주변 인프라가 썩 좋은 편이 아닐 수도 있다는 점을 참고하기 바란다.

내가 투자하고 싶은 아파트가 있다면 인터넷 지도를 통해 일자리까지의 거리, 도보나 자전거, 차를 이용했을 때 걸리는 시간 등을 체크해보자. 일자리까지의 거리는 투자의 핵심 요소다. 그래서 서울의 교통 프리미엄은 강남으로 가는 노선이 A급이다. 그다음은 여의도가 B급 프리미엄을 형성하고, 마포와 종로가 그 뒤를 잇는다. 여의도를 통과하는 5호선보다 강남을 통과하는 신분당선과 9호선의 프리미엄이 높다는 것을 반드시 기억하자. 이는 GTX 노선에도 동일하게 적용된다.

중심지를 확인하고, 일자리와 역과의 거리를 확인했다면, 그다음에는 학원가와 인근 편의 시설을 파악하자. 인터넷 지도 상단의 자동차 모양을 클릭하면 인근 병원, 학원, 마트, 편의점, 공연장, 영화관, 은행 등을 친절하게 알려준다. 자를 이용하면 거리 측정이 가능하다. 영어학원이나 수학학원이 많이 밀집되어 있는 곳에 학원가가 형성되어 있을 가능성이 크다. 특히 영화관은 중심 지역에 위치한 경우가 많으므로 눈여겨보아야 한다.

3. 학군 살펴보기

학군은 주택 가격에 중대한 영향을 미치는 요소다. 이를 꼭 확인하고 내 집 마련과 투자를 결정해야 한다. 학교는 중학교 학군이 가장 중요하다. 고등학교는 지원이 가능하지만 중학교는 인근에 거주해야 배정이 가능하다. 학부모들은 좋은 학교에 배정받기 위해 이사를 불사한다. 이것이 학군 수요라는 것이다. 반면 고등학교는 거리가 먼 것이 집값에 긍정적으로 작용한다는 의외의 연구 결과가 있다. 고등학교 인근에서 사건 사고가 많이 일어나기 때문인 듯하다.

어떠한 중학교의 특목고 진학률이 높다면 그 학교는 학업 성취도가 높다고 판단할 수도 있다. 따라서 학업 성취도가 높은 학교 주변 아파트를 알아보는 것도 큰 도움이 된다.

학교알리미(schoolinfo.go.kr)를 통해 이러한 현황들을 알아볼 수 있다. 홈페이지 상단에서 '전국학교정보→ 지역별 공시정보→ 중학교'를 클릭한 후 확인하고 싶은 지역을 선택한다. 그리고 원하는 공시년도를 선택하고, 공시 항목에서 항목 분류는 '학생 현황'을, 공시 항목 선택은 '졸업생의 진로 현황'을 선택한다.

출처: 학교알리미

각각의 중학교에서 '공시정보보기'를 클릭하면 다음과 같이 특목고 진학 현황을 한눈에 확인할 수 있다.

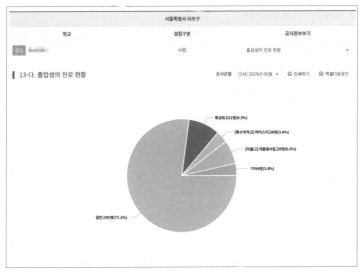

4. 개발 계획 살펴보기

현재의 입지를 분석했지만 미래 개발 계획이 궁금하다면 인터넷과 각 시, 군, 구청 홈페이지를 통해 어떤 계획들이 있는지 확인할 수 있다. 서울의 경우, 서울도시계획포털(urban.seoul.go.kr)에서 가장 상위 개발 계획을 확인할 수 있다. 앞서 언급한 분석 방법을 기초로 하여, 부동산지인을 통해 흐름을 공부하고, 지도를 통해 입지를 분석하고 학군을 공부한다면 누구나 쉽게 투자 세계에 뛰어들 수 있다.

■ 서울도시계획포털 사이트

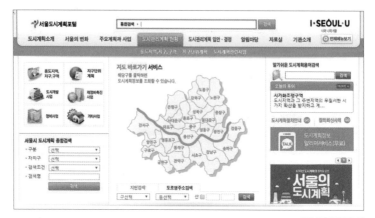

출처: 서울도시계획포털

부동산은 모든 정보가 오픈된 유일한 투자 상품이다. 주식처럼 기관과 개인의 정보 차이도 크지 않다. 단 지도를 파악하고 그 지역에서 가장 선호도가 높은 아파트를 찾는 것은 본인의 몫이다. 책상 앞에 앉아 시간을 할애해 좋은 상품을 발견했다면 전광석화처럼 움직여 발품도 팔아야 한다. 즉 진득함과 민첩함을 동시에 가지고 있어야 한다.

아무 정보도 없이 임장에 가는 것은 의미가 없다. 지금은 프롭테크나 인터넷을 통해 원하는 지역의 정보를 쉽게 얻을 수 있다. 물론 노력해서 안 되는 일도 있다. 그러나 노력해도 안 됐다면 나의 모든 영혼과 육체를 바쳐 노력했는지부터 생각해보자. 소설가 조정래는 이렇게 말했다.

"최선을 다했다는 말을 함부로 쓰지 마라. 최선이란 말은 내 자신의 노력이 나를 감동시킬 수 있을 때 비로소 쓰는 말이다."

스스로를 감동시킨 노력이야말로 부자가 될 수 있는 방법이다.

실전투자

저렴한 지역이 아닌
저평가 지역에 투자하라

저평가, 정해진 기준은 없다

부동산에 관심 있는 독자라면 '저평가된 부동산에 투자하라'라는 말을 여러 차례 들었을 것이다. 저평가란, 자산의 시장 가격이 실질가치보다 낮은 수준으로 형성되어 있다고 믿어지는 것이다. 이는 다분히 주관적인 판단에 기인한 것이라 기준이 모호하다. 많은 부동산 책과 블로그 글이 저평가된 부동산에 투자하라고 말하지만 제시하는 기준이 애매할 때가 많다. 일자리, 교통, 학군, 편의시설 및 개발 계획 등을 분석한 뒤 객관적으로 비교하라는 글을 보면 솔직히 웃음이 난다. 개인이 그 모든 걸 어떻게 정확한 수치로 따질 수 있단 말인가? 필자가 제시하는 것도 100% 옳지 않을 수도 있다는 맥락적 사고를 가지고 이 장을 읽기 바란다.

PIR지수로 저평가 판단하기

가장 정확한 통계로 부동산의 저평가를 기준할 수 있는 것은 PIR지수다. 부동산에 투자한 경험이 있는 독자라면 PIR지수에 대해 한 번쯤 들어보았을 것이다.

PIR지수란, Price to Income Ratio의 약자로 소득 대비 부동산 가격 비율을 말한다. 전 세계적으로 부동산 가격은 소득 수준이 높아가는 비율과 비슷하게 상승하기 때문에 통용되는 수치다. 예를 들어 PIR지수가 10이라는 것은 10년 동안 내 월급을 모두 모아야 집을 살 수 있다는 뜻이다. 도시 근로자의 연봉이 5천만 원이고, 강남 아파트가 10억 원, 수도권 아파트가 3억 원이라고 가정해보자. 이때 강남 아파트의 PIR지수는 '10억 원÷5천만 원=20'이고, 수도권 아파트의 PIR지수는 '3억 원÷5천만 원=6'이다.

필자는 언제나 통계는 허수를 동반할 수 있다는 것을 염두에 두고 있다. PIR지수도 마찬가지다. 강남과 수도권은 입지 자체가 다르므로 수도권 아파트가 6이라고 저평가되었다고 판단하는 우를 범해서는 안 된다.

PIR지수는 나라마다 산출 기준이 다르다. 부동산 가격 기준을 어느 분위로 하는지에 따라 현격한 차이를 보일 수 있고, 근로자의 연봉 수준을 어느 분위로 하는지에 따라서도 차이가 난다. 동일한 조건으로 비교하는 것이 핵심이라는 것을 기억하자.

강남과 수도권의 아파트를 비교하는 것은 의미가 없다. 비슷한 입지끼리 비교해야 한다. 강남구와 서초구, 성동구와 광진구 이런 식으로 비교해야 의미가 있다. 예를 들어 입지가 비슷한 성동구 아파트의 PIR지수가 20인데, 광진구 아파트의 PIR지수가 10이라면 광진구가 저평가되었음을 짐작할 수 있다. OECD에서도 각 나라의 주택 고평가와 저평가 기준을 PIR지수로 산정하고 있으니, 기준만 잘 잡는다면 이를 통해 저평가 아파트를 찾을 수 있다.

PIR지수 찾는 법

일단 근로자 소득부터 알아보자. KOSIS국가통계포털(kosis.kr)에 접속한 뒤 '국내 통계 → 주제별 통계 → 물가·가계 → 가계 → 가계 소득 지출 → 가계 동향 조사(신분류) → 도시(명목)' 순으로 들어가 가장 위에 있는 가구당 월평균 가계수지(도시, 2인 이상)를 클릭한다.

그리고 항목에 들어가 근로자 가구를 선택한다.

가계수지 항목별은 전체가 선택되어 있으므로 선택된 것을 모두 지우고, 경상소득, 근로소득을 선택한다. 경상소득은 이자소득을 포함한 것이므로 근로소득만 선택해도 된다.

시점으로 넘어가 원하는 시점을 선택하고 통계표 조회를 누르면 내가 원하는 시점의 근로소득만 엑셀 자료 다운로드가 가능하다.

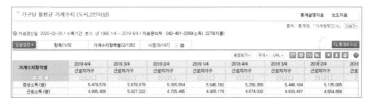

이를 통해 2019년 4분기 도시 근로자 평균 소득은 4,885,408원이고, 2019년 3분기 평균 소득은 5,027,222원임을 알 수 있다.

근로자 가구 소득을 알았다면 그다음에는 아파트 시세 검색을 위해 KB부동산 리브온(onland.kbstar.com)으로 이동하자.

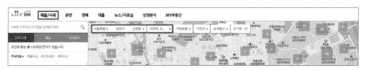

KB부동산 리브온에 접속한 뒤 '매물/시세'에 들어가 원하는 아파트를 검색한 후 실거래가로 들어가면 다음 화면이 나온다.

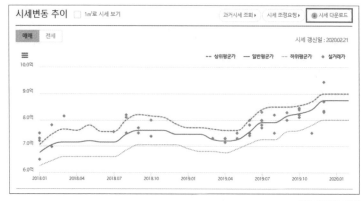

출처: KB부동산 리브온

여기서 오른쪽 상단에 있는 시세 다운로드를 클릭하면 다음과

같이 최근 10년의 엑셀 자료를 확인할 수 있다.

	A	B	C	D	E	F	G	H	I
1	■ KB시세								
2									
3	단지명	파크리오							
4	주소(지번)	서울특별시 송파구 신천동 17							
5	주소(도로명)	서울특별시 송파구 올림픽로							
6	공급/전용면적	52.99/35.24㎡							
7	세대수	344세대 (총6864세대)							
8	방/욕실수	1/1개							
9	현관구조	계단식							
10									
11						시세 갱신일 : 2020.04.24 ┃ 단위 : 만원			
12	기준월	매매가			전세가			월세가	
13		하위평균가	일반평균가	상위평균가	하위평균가	일반평균가	상위평균가	보증금	월세
14	2020.04	79,500	85,500	89,500	38,500	41,500	44,000	5,000	98~113
15	2020.03	80,000	87,500	91,000	39,000	41,500	45,000	5,000	98~113
16	2020.02	80,000	87,500	90,000	39,000	41,500	44,000	5,000	98~113
17	2020.01	80,000	87,500	90,000	39,000	41,500	44,000	5,000	98~113
18	2019.12	80,000	87,500	90,000	39,000	41,500	44,000	5,000	98~108
19	2019.11	78,000	84,000	87,000	39,000	40,500	42,000	5,000	98~108
20	2019.10	76,000	82,500	85,500	39,000	40,500	42,500	5,000	98~108
21	2019.09	75,500	81,500	85,000	39,000	40,500	42,500	5,000	98~108
22	2019.08	72,500	79,000	85,000	39,000	40,500	42,500	5,000	98~108

출처: KB부동산 리브온

앞서 수집한 평균 소득과 엑셀에 나타난 시세를 통해 수치를 산출할 수 있고, 이를 통해 다음과 같은 그래프를 만들 수 있다.

■ PIR 지수와 아파트 매매가 비교

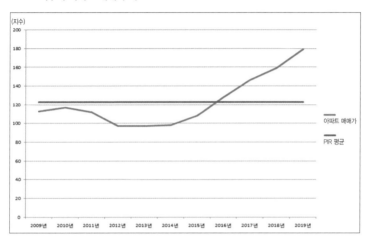

위의 그래프를 통해 파크리오의 저평가 구간이 2012~2014년 사이라는 것을 확인할 수 있다. 이와 같은 방법을 응용해 다른 아파트의 저평가 구간도 찾을 수 있다. 초보자의 경우 직접 계산을 하고, 그래프를 그리기 어려울 수 있다. 이때는 KB부동산리브온 홈페이지(onland.kbstar.com)에서 '뉴스/자료실→통계/리포트→월간 KB주택가격동향'에 들어가보자. 여기서 매달 KB국민은행에서 조사한 주택가격동향을 PDF로 볼 수 있다. PIR지수의 추이를 한눈에 볼 수 있으니 참고하자.

이 자료를 바탕으로 평균을 낸 다음 평균보다 낮다면 저평가 기준으로 삼을 수 있다. 낮은 금액을 형성할 때를 매수 타이밍으로 잡는 것이 좋다. 주변 유사 단지들의 시세도 확인 가능하니 내가 원하는 아파트의 PIR지수와 비교해 나만의 데이터를 만들어보는 것을 추천한다.

PIR지수를 통해 저평가된 아파트를 찾았다고 쾌재를 부르더라도 한 가지는 주의하자. 부동산은 대개의 경우, 일반적으로 선호하는 아파트 먼저 오른다. 대단지 소형 평형이 먼저 오르고, 소규모 단지, 대형 평형이 뒤따라 오르는 식이다. 내가 고른 아파트 주변의 소규모 단지와 대형 평형까지 올랐는지 확인하자. 선호하지 않는 단지와 대형 평형까지 올랐다면 그 시점은 고점일 확률이 높다.

39

스스로 한국은행이 될 수 있는
부동산 경매에 도전하라

지금까지 부동산 투자에 유용한 통계 지표에 대해 알아보았다. 이제 실전 투자에 도전해보자.

손발 묶인 부동산 투자자, 해답은 없을까

지금은 부동산 규제 시대다. 정부에서 내밀 수 있는 규제란 규제는 모두 나왔다 해도 과언이 아니다. 투자자는 정부의 정책을 거슬러서는 안 된다. 대응을 해야 한다.

필자는 우형달의 《나는 부동산 경매로 17억 벌었다》를 읽고 경

매에 입문했다. 경매를 통해 8년 동안 열심히 모은 종잣돈을 크게
불릴 수 있었다. 그렇게 불어난 종잣돈으로 상가, 지하상가, 시행
사업 등에 투자했다. 부동산에 대한 꾸준한 관심으로 수도권이 대
세 상승기라는 것을 알게 된 후에는 소형 아파트 투자를 시작했다.
필자의 투자 스토리를 연 것은 경매인 것이다. 부동산의 과거 50년
역사를 보면 규제와 완화를 반복해왔다. 부동산을 규제하는 시대
에는 보수적인 접근이 필요하다.

안전 자산 확보 후 경매에 도전하자

부동산을 규제하는 현재 상황이 무섭다면 안전 마진을 확보한
뒤 투자가 가능한 경매를 공부하라. 돈이 없어도 투자가 가능하다.
이를 '무피 투자'라고 한다. 더욱 열심히 공부한다면 집을 매수했는
데도 돈이 남는 신기한 경험을 할 수 있는데, 이를 '플러스피 투자'
라고 한다.

경매를 배우면 일반 매매와 달리 1회 유찰될 때마다 20~30% 떨
어진 가격의 부동산을 낙찰 받을 수 있다. 유찰된 부동산은 문제가
있는 부동산이라는 오해 때문에 투자자들의 관심이 떨어지는 경우
가 종종 있다. 이때 권리 분석을 통해 안전한 물건을 찾는다면 남
들보다 저렴하게 부동산을 매수할 수 있다. 안전 마진을 확보한 뒤

투자하는 셈이다.

명도, 전혀 어렵지 않다

필자는 교육청과 구청 등 관공서에서 재테크 강의를 하고 있다. 종잣돈을 늘리기 위해 경매를 하라는 내용의 강의를 하면 이런 질문을 많이 받는다.

"경매는 명도가 어렵지 않나요?"

권리관계가 복잡하고 임차인에게 대항력이 있다면 명도는 어려울 수 있다. 그러나 임차인에게 대항력이 없고 낙찰 받음으로 인해 모든 권리관계가 소멸된다면 명도는 전혀 어렵지 않다. 대항력이 없는 임차인은 보증금을 받으려면 스스로 집을 내주어야 하기 때문이다. 집주인이 사는 경우에도 본인이 잘못해 경매로 넘어간 것이기 때문에 약간의 이사 비용을 주는 것으로 해결할 수 있다.

경매, 어떻게 해야 할까

다가구, 공장, 빌딩 등은 초보자가 접근하기 어려우니 아파트나 빌라부터 시작하자. 어느 정도 여유가 생겼을 때 공장, 빌딩에 투자할 것을 추천한다. 사실 유치권 등이 설정되어 있는 특수 물건의

수익률이 더 좋긴 하다. 자, 지금부터 실제 경매 물건을 통해 경매
투자에 대해 자세히 알아보도록 하자.

1. 어디에서 물건을 찾을까?

전국 부동산 경매 정보를 알 수 있는 더리치옥션(therichauction.
com)에서 토지, 공장, 아파트, 단독주택, 빌딩, 빌라 등 모든 종류의
물건을 무료로 검색할 수 있다. 경매가 진행 중인 물건을 검색할
수 있고, 평균 매각가도 확인할 수 있어 어느 정도 가격을 적었을
때 낙찰이 유리한지 알 수 있다.

2. 물건을 골랐다면 지역과 시세를 분석하자!

출처: 더리치옥션

——— 위기를 기회로 바꾸는 부의 공식

위의 물건은 부천 도당동에 위치한 빌라다. 이 지역은 춘의산과 도당수목원을 끼고 있고, 인근에 오정산업단지가 있다. GTX가 생기는 부천종합운동장역까지의 거리는 1.5㎞로, 버스로 10분 이내에 닿을 수 있다. 조금 오래된 빌라이니 임장을 통해 반드시 내부를 확인해야 한다. 만약 내부를 확인하지 못했다면 인근 부동산을 통해 내부 구조를 탐문하고, 낙찰가를 결정할 때 인테리어 비용을 감안하는 것이 좋다.

이 지역은 산업단지 수요들로 인해 타 지역에 비해 전세가가 높다. 네이버 부동산(land.naver.com)에서 부동산 전세 시세를 검색해 보자. 이 지역의 비슷한 평형 전세 시세는 2019년 1억 1천만 원에서 1억 5,500만 원까지 형성되어 있다. 내부가 노후됐다면 수리를 하고 전세가를 올려 받는 것도 가능하다.

3. 얼마에 입찰할까?

이 지역의 매각가는 평균 80%다. 즉 1억 400만 원 이상을 적어야 낙찰이 가능하다는 결론이 나온다. 만약 내부 상태가 좋다면 1억 1천만 원에, 내부 상태가 엉망이라면 욕심을 부리지 말고 1억

입찰보증금이란?

입찰 참가자에게 유찰가의 10%를 보증금으로 미리 내도록 해 낙찰자가 계약 체결을 거절할 경우 그 보증금을 몰수해 부실업자의 응찰을 방지하기 위한 것이다.

500만 원 정도에 낙찰 받는다. 초기 투자비로 유찰가 10%인 보증금 900만 원 정도가 필요하지만 전세가를 높게 맞춘다면 투자금은 바로 회수하고도 남는다.

4. 권리 분석을 하자!

조사된 임차 내역이 없으니 주인이 살 가능성이 크다. 사이트상에는 낙찰 받는 경우 남은 권리가 모두 소멸된다고 나와 있지만 이 정보가 잘못되었을 때 사이트가 책임을 지지는 않는다. 기초적인 권리 분석을 반드시 배워야 하는 이유다.

이 빌라를 1억 1천만 원에 낙찰 받아 1억 1천만 원에 전세가를 맞춘다면 무피 투자가 되는 것이다. 1억 1천만 원에 낙찰 받아 1억 3천만 원에 전세가를 맞춘다면 내 종잣돈 900만 원은 순식간에 2,900만 원이 된다. 이런 물건들은 수도권 도처에 널리고 널렸다.

적은 종잣돈으로 투자가 가능한 경매는 종잣돈을 늘리는 가장 빠른 방법이다. 필자와 함께 경매를 시작한 여동생은 지금도 경매를 한다. 아이 둘을 키우며 경매로 1년에 몇 건을 낙찰 받고, 매도하고 임대하는 식으로 웬만한 대기업 과장급 연봉을 번다.

경매를 하고자 할 때는 손품과 발품을 통해 좋은 물건을 찾는 것이 관건이다. 단 빌라 경매는 종잣돈을 늘릴 때까지만 하고, 투자할 돈이 충분해졌다면 이후에는 아파트에 투자하는 것이 좋다. 빌라는 겅내로 저렴하게 매입한 만큼 차익을 기대할 수는 있지만 더 많은 시세 차익을 기대하기 어렵고, 지어진 지 오래되었다면 관리 도 어렵기 때문이다.

이번에는 필자가 처음 경매를 시작한 지역인 인천의 물건을 살 펴보자. 위의 물건은 인천 간석동에 위치한 빌라다. 이 물건은 남 동공단 인근에 위치해 있고, GTX가 생기는 인천시청역과의 거리 는 1.3㎞이며, 일단 신축이라는 게 매력적이다. 이 지역도 인근 산 업단지 수요로 전세가가 높은 편이다. 인천은 부천보다 평균 매각 가가 낮다. 최근 매각가 통계를 내보니 약 70% 선이다. 1억 원 정도를 쓰면 낙찰 받을 수 있다는 결론이 도출된다. 신축이라 인테리어를 신경 쓸 필요도 없다. 간석동 신축 빌라의 전세 시세는 비슷한 면적을 기준으로 1억 3천만 원에서 1억 7천만 원까지 형성되어 있다. 임차인이 대항력이 없어 명도에도 문제가 없다.

한 가지 팁을 드리겠다. 낙찰을 받은 뒤 임차인에게 선물을 주거나 협상을 해 전세가를 맞춰야 하니 집을 잘 보여 달라고 부탁하자. 그러면 경락 잔금을 치르기 전에 전세가를 맞출 수도 있다.

이 빌라를 1억 원에 낙찰 받아 1억 원에 전세가를 맞춘다면 무피 투자가 된다. 이런 경우, 매도를 하는 것으로 수익을 낼 수 있다. 1억 4천만 원 하는 빌라를 1억 원에 낙찰 받았으니 1억 2천만 원으로 약간 낮게 매도하는 것이 팁이다. 또한 전세가를 1억 3천만 원에 맞춘다면 내 종잣돈 900만 원은 4배 이상인 3,900만 원이 된다. 한 가지 팁을 더 드리면 GTX-C노선이 확정된 의정부역 인근에는 아파트가 없다. 대부분 상업지다. 의정부역 인근에는 빌라가 많다는 점을 염두에 두기 바란다.

투자한 돈을 회수하고도 돈이 남고, 집이 내 소유가 된다? 이런 일이 가능한 것은 경매뿐이다. 자본주의에서 중앙은행은 돈을 마음대로 찍을 수 있는 권리가 있다. 내가 자본에 투자한 자금이 없는데 그 자본에서 수익이 발생했다면 내가 바로 한국은행이 된 것이다.

여러 차례 이야기했듯 경매는 종잣돈이 많지 않은 투자자가 가장 빠르게 돈을 불릴 수 있는 방법이다. 온갖 규제로 부동산을 다 때려잡아도 경매는 시세 차익을 미리 확보할 수 있는 투자 방식이다. 목표를 잡고 제대로 된 물건 2개만 낙찰 받아도 종잣돈을 몇 배로 불릴 수 있다. 정말 신통방통하지 않은가? '월급쟁이 부자들', '북극성 부동산 재테크' 등 인터넷 부동산 카페에 가입하면 경매 강의를 들을 수 있고 경매에 대한 많은 정보를 얻을 수 있으니 참고하기 바란다.

40

실전투자

부동산 정책의 핵심은 신도시다!
1기 신도시 투자 전략

대한민국 부동산 정책의 핵심은 신도시다. 신도시는 구도심처럼 자연스럽게 형성된 도시가 아니라 계획적으로 만들어진 도시이기 때문이다. 최근 정부가 부동산 가격을 잡기 위해 3기 신도시를 발표하면서 국내 부동산은 혼돈의 카오스를 지나는 중이다. 실제로 3기 신도시가 정부의 발표대로 모두 진행된다면 국내 부동산 시장에 상당한 파급 효과를 가지고 올 것이다. 이번 장을 통해 1기 신도시와 2기 신도시의 성격을 이해한 뒤 투자 포인트를 잡고, 3기 신도시가 어떤 영향을 미칠지 알아보도록 하자.

시작은 1기 신도시

1989년 정부는 1기 신도시 계획을 발표했다. 1기 신도시는 분당, 일산, 중동, 평촌, 산본을 말한다. 폭등하는 집값을 안정시키고 주택난을 해소하기 위해 서울 근교 5개 지역에 1기 신도시 건설 계획을 발표한 것이다. 1992년 말에 입주를 완료해 29만 2천 가구, 총 117만 명이 거주하는 대단위 주거타운이 탄생했다.

지난 1985년 전체 주택 보급률은 69.8%, 수도권 주택 보급률은 57%까지 하락했는데, 1기 신도시 공급으로 인해 1991년 전체 주택 보급률은 74.2%로 올랐다. 1기 신도시의 평균 인구밀도는 헥타르당 230인으로 높은 편이고, 표준 건축비의 규제를 받아 저렴한 가격에 공급되었다. 일부는 베드타운 성격이고, 특목고가 아닌 일반고가 주요 학군으로 되어 있다. 녹지율은 12.5~25%로, 2기 신도시보다 다소 떨어지지만 서울과의 거리는 약 20㎞ 내외로 접근성이 좋은 편이다.

인구밀도(단위: 1ha당 명)

일산 175, 분당 199, 평촌 329, 산본 399, 중동 304

....

용적률(단위: %)

일산 169, 분당 184, 평촌 204, 산본 205, 중동 226

출처: 국토교통부 주택토지실

용적률이란, 대지 면적에 대한 건축 연면적의 비율을 말한다. 용적률이 높을수록 대지 면적에 대한 밀도 등이 증가하게 되므로 용적률은 대지 내 건축 밀도를 나타내는 지표로 활용된다. 즉 용적률이 높을수록 건물들이 빽빽하게 들어섰다는 뜻이다.

1기 신도시 핵심 도시 살펴보기

가장 먼저 1기 신도시의 대장이라 할 수 있는 분당은 미래지향적인 정보 산업 기능을 부여한 도시로, 생활 시설을 첨단화하는 도시로 설계되었다.

일산은 평화 통일 시 배후 도시로 개발하고, 국제 업무, 문화 및 예술 기능을 부여한 도시다. 일산은 처음 설계 시부터 문화 예술 기능을 담당할 수 있도록 만든 곳으로, 그로 인해 킨텍스가 들어선 것이다. 대한민국 1등, 아시아 4번째 전시 면적을 기반으로 국제 전시, 컨벤션 센터가 들어서기 위해 처음부터 계획된 도시라는 뜻이다.

중동, 평촌, 산본의 경우, 택지를 조성하고 수도권의 주택난을 해소하기 위해 만들어진 도시다. 주택 공급이 목적이었기 때문에 용적률이 다소 높다.

분당과 일산은 초반까지만 해도 비슷한 가격대를 형성했다. 하지만 이 두 도시의 격차는 이미 따라갈 수 없을 만큼 벌어져 있다. 그 이유는 무엇일까?

■ 1기 신도시 3.3m²당 아파트 매매 가격

(단위: 만 원)

지역	2016년	2017년	2018년
분당	1,601	1,809	2,146
평촌	1,397	1,557	1,756
1기 신도시 평균가	1,321	1,431	1,594
일산	1,158	1,205	1,235
중동	1,805	1,108	1,143
산본	1,064	1,080	1,131

출처: 부동산114

분당은 정보 산업 기능을 담당하는 도시로, 다른 지역보다 일자리가 많다. 경기도의 전체 인구는 1,314만 명이고, 일자리는 651만 개다. 경기도의 인구 대비 일자리 비율은 0.49%로, 서울에 비하면 다소 낮은 편이다. 서울에는 976만 명이 살고 있고, 일자리는 512만 개이며, 일자리 비율은 0.52%다.

현재 성남의 전체 인구는 96만 명이고, 일자리는 51만 개이며, 일자리 비율은 0.53%다. 경기도 평균보다 높고, 서울보다도 높다. 이에 더해 테크노밸리가 확장되면 일자리는 70만 개 정도로 늘어날 것이다. 인구 대비 일자리 비율은 0.73%로, 서울 평균을 크게 앞지르게 될 것이다. 경기도 인구 중 약 170만 명을 수용할 수 있는 일자리가 성남과 분당에 있는 것이다. 성남, 그중 분당이 작은 강남이라고 불리는 이유는 바로 이 때문이다.

물론 일산에도 킨텍스 문화 육성 산업을 위해 일자리들이 들어설 계획이 있지만 분당에 비하면 규모가 작다. 앞으로 일산과 분당의 격차는 더욱 벌어질 것으로 예상된다.

1기 신도시 투자 포인트

1기 신도시는 서울과의 접근성이 좋다. 단 1990년 초반부터 입주해 노후가 급속도로 진행되고 있다. 재건축을 염두에 두고 투자를 해야 한다. 일산의 경우, 용적률이 가장 낮아 재건축 시 새롭게 가치가 부여될 수 있지만 3기 신도시 창릉지구가 공급되면 재건축 진행이 쉽지 않을 수 있다는 점을 알아두자. 분당은 일자리가 많지만 용적률이 낮다는 점 역시 기억해둘 필요가 있다.

중동과 산본의 경우, 고층 아파트가 많아 재건축 시 사업성이 나오기 힘들 수 있다. 이런 경우에는 리모델링을 진행하는데, 리모델링이 가능하지 않은 단지도 있다. 이에 따라 중동과 산본의 아파트 가격은 큰 격차를 보이게 될 것이다. 한 가지 팁을 드리면 인구밀도와 용적률이 높은 산본과 중동은 상가 투자나 건물 투자도 유효하다.

정리하면 일산은 3기 신도시 공급이 재건축의 저해 요소가 될 수 있고, 분당은 재건축 시 새로운 부가가치가 형성될 것이다. 중동과 산본은 장기 투자 시에도 리모델링 가능 여부를 체크하는 것이 좋다.

실전투자

서울 집값 폭등을 막기 위해 시작된
2기 신도시 투자 전략

12개 지역을 잇는 2기 신도시

2기 신도시는 서울 집값 폭등을 막기 위해 추진된 사업으로, 2003년부터 건설됐다. 수도권 10개 지역인 인천 검단, 화성 동탄 1·2, 평택, 고덕, 김포(한강신도시), 수원 광교, 판교, 위례, 양주 옥정, 파주 운정을 비롯해 충청권 2개 지역인 충남 천안·아산의 아산신도시, 대전 서구·유성구의 도안신도시를 2기 신도시로 지정했다.

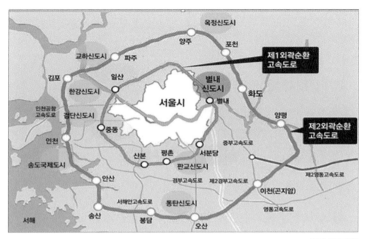

위의 지도를 보면 1기 신도시는 노란색으로, 2기 신도시는 초록색으로 표시되어 있다. 1기 신도시는 주로 서울 도심 반경 20km 내에 위치해 있어 교통 접근성이 좋지만, 2기 신도시는 30km 이상 떨어진 곳에 조성되어 있다.

2기 신도시는 교통 접근성은 떨어지지만 녹지율을 높였고, 쾌적한 주거 여건을 제공하고 자족 기능을 강화했다. 신도시별 특화 계획 등으로 차별화를 시도한 점이 고무적이다. 즉 2기 신도시는 베드타운으로 전락한 몇몇 1기 신도시의 한계를 극복하기 위한 목표로 진행됐다. 서울 생활권에 의존하지 않고, 지역 거점 역할을 할

수 있도록 대규모 산업단지를 비롯해 기업들을 다양하게 배치하는
자족복합도시로 계획된 곳이 2기 신도시인 것이다.

2기 신도시 핵심 도시 파헤치기 – 판교

2기 신도시에 투자할 때는 서울과의 접근성이 떨어짐을 인지하
고 자족용지, 즉 일자리가 확보되어 있는지와 교통 접근성이 좋은
지를 최우선으로 봐야 한다.

판교부터 살펴보자. 판교는 성남시 분당구의 판교동과 백현동,
삼평동, 운중동 일원에 조성된 신도시다. KB부동산 리브온의 자료
에 따르면, 판교는 가장 성공한 신도시 사례로 손꼽힌다. '한국판
실리콘밸리'라 불리는 판교테크노밸리를 통해 자족도시로 자리를
잡았기 때문이다. 이곳에는 엔씨소프트, 안철수연구소, 네오위즈
등 내로라하는 IT기업, 벤처기업들이 대거 입주해 있다. 현재 7만
여 명이 근무하고 있는데, 입주 기업의 연 매출은 70조 원을 상회
한다.

판교는 주거 여건이 크게 개선되면서 사람이 몰리고 부동산 가
치도 올랐다. 부동산 빅데이터 플랫폼인 부동산114에 따르면 2017
년 3월부터 2019년 3월까지 판교의 집값은 35.2% 올랐다. 이는 동
기간 강남구(32.6%)와 서초구(34.7%)의 상승세를 뛰어넘는 수치다.

이런 판교에 제2차, 제3차 테크노밸리의 개발이 연이어 계획되어 있다. 먼저 2015년부터 사업을 시작한 제2판교테크노밸리(판교제로시티)는 2021년 말 준공 예정이다. 이곳에는 300개 이상의 기업이 입주하고 4만 3천여 명이 근무할 예정이다. 이에 더해, 2018년 10월 지구 지정을 발표한 제3판교테크노밸리(성남 금토지구)도 2023년 조성 완료를 목표로 사업을 추진하고 있다.

■ 판교테크노밸리 개요

구분	제1판교테크노밸리	제2판교테크노밸리	제3판교테크노밸리
면적	66만 1천m²	43만m²	58만 4천m²
사업비	1조 4,705억 원	8,229억 원	–
사업 기간	2005~2015년	2015~2021년	2018~2023년
입주 기업	1,270개	1,400개	500개
근로자 수	7만 4,738명	4만 명	2만 명
현황	입주 기업 매출 79조 3천억 원	2019년 상반기 2구역 착공 2019년 12월 1구역 착공	신혼희망타운 등 공공주택과 연계 개발

*제2, 3밸리의 입주 기업과 근로자 수는 목표치임
*사업비는 민간 건축비를 제외한 수치임

출처: 경기도시공사

대형 교통 호재도 엄청나다. 우선 판교의 성남역(예정)을 통과하는 GTX-A노선은 2023년 개통을 목표로 조기 착공에 들어갈 것이다. 부동산을 규제하는 현 정부는 교통 확충에는 우호적이다. 판교를 지나 광교까지 이어지는 신분당선을 호매실역까지 잇는 연장 사업 역시 신속히 추진할 계획이라고 밝혔으니 말이다. 이 밖에 서

판교역을 지나는 월곶판교 복선전철도 2025년 완공을 목표로 추진 중이다. 필자가 생각하기에 당분간 판교의 아성을 물리칠 신도시는 없을 듯하다. 위례는 강남 접근성과 신축 아파트 선호도가 높은 서울에 공급된 마지막 신도시라는 점에서 높은 가격대를 형성하고 있다.

■ **2기 신도시 3.3m²당 아파트 매매 가격**

(단위: 만 원)

지역	2016년	2017년	2018년
판교	2,440	2,726	3,301
위례	2,226	2,579	3,015
광교	1,786	1,878	2,350
2기 신도시 평균가	1,360	1,468	1,606
대전 도안	1,098	1,157	1,345
동탄	1,218	1,241	1,309
아산	1,023	1,096	1,154
김포	1,014	1,075	1,103
파주	965	989	1,029
양주	865	1,009	950

출처: 부동산114

2기 신도시 핵심 도시 파헤치기 – 화성 동탄1

화성 동탄1 신도시의 일자리 자족 기능 공공시설용지 비율은 9.7%(8만 7,600㎡)로 높은 편이다. 광교의 경우, 4.2%(4만 7,700㎡) 부지에 공공시설용지를 확보하고 있다. 동탄보다 수치가 낮지만 고밀도로 개발되었고, 신분당선 개통으로 강남 접근성이 좋아져 동탄보다 높은 가격대를 형성하고 있다. 그러나 동탄역에 GTX가 개통되면 이야기가 달라질 수 있다. GTX가 개통되면 이를 도보로 이용할 수 있는 동탄과 광교의 시세가 얼추 비슷해질 수 있으니 참고하기 바란다. 현재 인근 지역과 비교했을 때 시세는 낮지만 확정된 계획이 있다면, 일자리가 더 많다면 저평가 기준이 될 수 있다는 점을 기억하자.

공공시설용지 비율은 김포(한강)가 3.2%(348천㎡)로, 화성 동탄1과 광교의 뒤를 잇는다. 화성 동탄2는 심각한 수준이다. 1.6%(385천㎡)로, 낮은 자족용지를 확보하고 있다. 파주 운정과 아산은 각각 0.9%(150천㎡), 0.9%(80천㎡)다. 대표적인 베드타운인 양주는 0.7%(80천㎡)에 불과하다.

자, 독자 여러분은 현재 어떤 생각이 드는가? 센스 있는 독자라면 시장이 어디로 흘러갈지 어느 정도 짐작했으리라 생각한다. 다른 사람의 생각이 담긴 글을 읽을 때는 본인의 생각을 대입해 사고하는 힘을 기르라고 말하고 싶다.

양주 덕정역에도 GTX가 들어선다. 교통 호재는 있는데 일자리가 없다는 것은 무슨 의미일까? 시세를 분출하기에 충분한 지역이 아니라는 뜻이다. 이러한 이론에 입각해 각 신도시의 시세가 어디

■ 1기 신도시와 2기 신도시 비교

구분		1기 신도시	2기 신도시
신도시 개요	건설 기간	1989~1995년	2001~2016년
	신도시명	분당, 일산, 평촌, 산본, 중동	판교, 동탄1, 동탄2, 김포, 파주, 광교, 양주, 위례, 고덕, 검단, 아산, 대전
	지구 면적	5,014ha	15,908ha
	수용 인구	117만 명(29만 2천 가구)	180만 명(68만 5천 가구)
	평균 밀도	232인/ha	177인/ha
	선호 기준	주거의 질	주거+공간의 질
사회 여건	인구	4,341만 명(수도권 1,806만 명)	4,846만 명(수도권 2,368만 명)
	주택보급률	63%(수도권 57%)	108.1%(수도권 96.9%)
	GNP	4,994달러	16,291달러(2005년 기준)
	가구원 수	4명/가구	2.5~3.0명/가구
	분양 방식	표준건축비 규제	분양가자율화, 분양가상한제
계획, 물적 환경 변화	도시 성격	주택도시 완결성 추구	신도시별 테마 강조: 벤처(판교), 첨단·도농복합(동탄), 첨단·친환경·대중교통(김포) 등
	토지 이용	고밀도 유지 (총밀도 175~400인/ha)	중저밀 지향 (총밀도 69~158인/ha)
	교통	자가용 교통 전제, 도로·전철 위주 서울과 연결성만 강조	대중교통 지향적, 신교통·환승 체계 보완·주변 지역 연결성 보완
	공원 녹지	녹지율 지향 녹지율 12.5~25%	그린 네트워크 지향 녹지율 26~42%(평균 31%)
	교육 시설	40명/학급 일반고 위주	30~35명/학급 특목고, 자립형 등 추가
	공공 시설	필수 편익 시설 위주	주민 자치, 문화 시설 지향
	공급 처리	기초 환경 시설 위주	쓰레기 관로 수송 도입
	자족성	일부 베드타운 성격	자족성 확보 노력

출처: 한국토지주택공사

로 분출할지 글 안에 많은 힌트가 담겨 있다. 서울과 접근성이 떨어지는 2기 신도시의 투자 포인트는 일자리와 교통, 신축 순이다. 일자리가 많지 않은 곳이라면 교통과 신축을 중요하게 생각해야 한다. 정리하면, 서울과 거리가 먼 수도권의 경우 1순위로 생각해야 할 것은 일자리, 교통, 신축이고, 2순위는 교통, 신축, 3순위는 교통, 구축이다. 교통이 불편한 수도권 외곽의 구축은 부동산 양극화의 루저가 될 가능성이 높다는 점을 염두에 두자.

실전투자

악재와 호재가 공존하는
3기 신도시 투자 전략

정부의 생각을 알면 3기 신도시 투자 전략이 보인다

그동안 수요 억제 정책만을 내놓던 정부는 하늘을 모르고 치솟는 집값으로 인해 공급 대책까지 발표하기에 이르렀다. 그러나 정부의 정책 기조는 항상 부동산의 완만한 상승이라는 것을 잊지 말자. 지나치게 급등하는 부동산은 경제의 발목을 잡을 수 있다. 과거 미국의 서브프라임이 그랬고, 중국도 급등하는 부동산의 영향으로 금융위기를 겪을 수 있다. 단 정책 내용을 알고 대응하는 것과 모르고 대응하는 것은 차이가 있다.

정부의 야심찬 계획인 3기 신도시에 대한 모든 것을 알아보고, 그에 대비하는 자세를 가져보자. 3기 신도시는 총 30만 호를 수도 권에 공급하는 플랜이다. 서울의 1년 수요는 6~7만 호 정도다. 기 존에 인허가 받은 물량까지 합쳐 3기 신도시가 실제 모두 공급된 다면 시장은 어디로 흘러갈까? 3기 신도시는 단기적인 호재이지만 신도시가 공급되는 인근의 구축 아파트에는 암흑기가 올 수 있다 는 점을 명심하자.

■ 수도권 신도시 지도

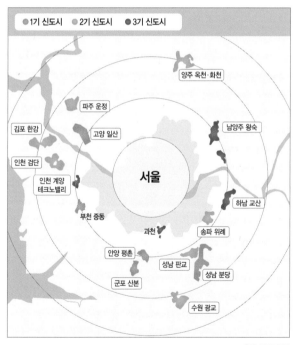

출처: 국토교통부

■ 3기 신도시 개요 및 주택 공급 계획

지구명	면적(㎡)	주택 수(호)	자족용지(㎡)	교통
남양주 왕숙	1,134만	6만 6천	140만	서울역까지 15분
하남 교산	649만	3만 2천	92만	수서역까지 20분
과천시 과천	155만	7천	135만	사당까지 10분
인천 계양	335만	1만 7천	155만	여의도까지 25분
부천 대장	343만	2만	68만	마곡까지 10분
고양 창릉	813만	3만 8천	130만	용산까지 30분

*1기 신도시: 분당(1,964만㎡), 일산(1,574만㎡), 평촌(511만㎡), 중동(545만㎡), 산본(420만㎡)

출처: 국토교통부

3기 신도시 핵심 도시 파헤치기 – 남양주 왕숙지구

첫 번째는 가장 문제가 되는 남양주 왕숙지구다. 계획 세대수는 6만 6천 호로, 최대 규모다. 경제, 문화 예술 중심 도시로 발전시키고, 교통을 확충할 예정이며, 별내역에 GTX가 들어설 예정이다. 교통 호재에도 불구하고 일자리가 없는 지역이다.

실제로 공급된다면 서울의 1년 수요를 한 지역에 공급하는 것이므로 인근 다산 신도시 및 평내, 호평, 진접지구 등의 기존 아파트들에 악재로 작용하게 될 것이다. 왕숙지구가 진행되면 그 지역 인근 구축 투자와 구축 아파트를 통한 내 집 마련은 일단 멈추어야 한다.

■ 남양주 왕숙지구 개발도면

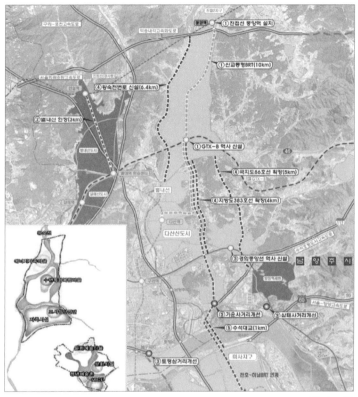

출처: 국토교통부

- **위치:** 남양주시 진접 · 진건읍, 양정동 일원

- **면적:** 1,134m²(343만 평=269만 평[왕숙1]+74만 평[왕숙2])

- **호수:** 6만 6천 호(5만 3천 호[왕숙1]+1만 3천 호[왕숙2])

- **사업 시행자:** 한국토지주택공사, 남양주도시공사

3기 신도시 핵심 도시 파헤치기 – 하남 교산지구

하남 교산지구는 3호선 연장이 예정되어 있고, 서울양평고속도로가 신설된다. 수서역까지는 20분, 잠실역까지는 30분 거리로, 서울 접근성이 뛰어나다. 교산지구는 바이오, 헬스, 스마트 산업 육성을 계획하고 있다. 또한 지구 북측에 판교의 1.4배에 달하는 자족용지를 확보해 일자리를 만들겠다는 계획도 갖고 있다. 접근성이 좋은데 자족용지도 확보했다.

단 하남 구도심, 거여, 마천동의 기존 아파트에는 부정적인 영향을 미칠 것이다. 교산지구는 동남권이다. 지리적 위치가 서울 수요를 분산하는 데 상당히 효율적이다. 계획 세대수는 3만 2천 호로, 충분히 흡수 가능한 규모다.

■ 하남 교산지구 개발도면

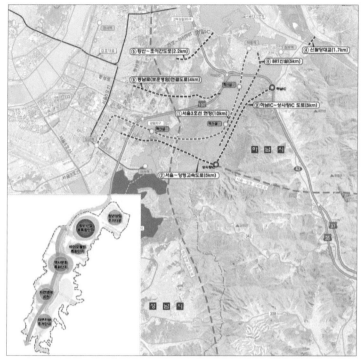

출처: 국토교통부

- **위치:** 하남시 전현동, 교산동, 춘궁동, 상·하사창동 일원

- **면적:** 649만㎡(196만 평)

- **호수:** 3만 2천 호

- **사업 시행자:** 한국토지주택공사, 경기도시공사

3기 신도시 핵심 도시 파헤치기 - 과천

다음은 과천이다. 계획 세대수는 7천 호로, 상대적으로 규모가 작다. GTX가 들어설 예정이고, 과천~우면산 간 도로 지하화, 과천~송파 간 민자도로 확장, 이수~과천 간 복합터널 개설이 예정되어 있다.

이외에도 선바위 복합환승센터를 건설하고, 자족용지(선바위역 주변)에 첨단지식센터 및 연구센터가 들어설 예정이다. 복합테마파크, 양재천변 물순환테마파크 등 개발 호재가 무궁무진하다. 고가 아파트들이 모여 있어 9·13 대책 이후 조정기를 거치고 있지만 상승 여력은 충분하다.

■ 과천 과천지구 개발도면

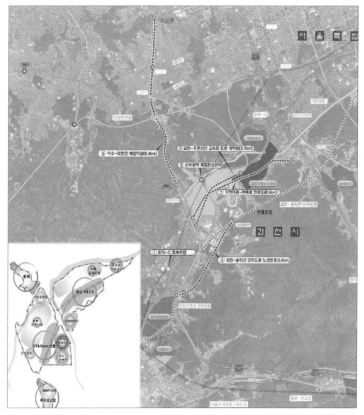

출처: 국토교통부

- **위치:** 과천시 과천동, 주암동, 막계동 일원

- **면적:** 155만㎡(47만 평)

- **호수:** 7천 호

- **사업 시행자:** 한국토지주택공사, 경기도시공사

3기 신도시 핵심 도시 파헤치기 - 인천 계양지구

인천 계양지구는 인천 1호선 박촌역~김포공항역 BRT가 신설되고, 국호 39호선이 확장되며, 청라~계양 간 BRT가 운영될 예정이다. 하남 교산지구와 마찬가지로 판교의 1.4배에 달하는 자족용지를 확보했다. 이는 많은 일자리가 들어온다는 뜻이다. 서울 접근성이 양호하며, 계획 세대수는 1만 7천 호다. 일자리 유치가 계획대로만 된다면 세대수가 많지 않아 계양, 박촌역 인근 아파트 호재로 작용할 수 있다는 판단이다. 반면 검단, 청라에는 부정적인 영향을 미칠 것으로 예상된다.

■ 인천 계양지구 개발도면

출처: 국토교통부

- **위치:** 인천광역시 계양구 귤현동, 동양동, 박촌동, 병방동, 상야동 일원

- **면적:** 약 335만㎡(101만 평)

- **호수:** 1만 7천 호

- **사업 시행자:** 한국토지주택공사, 인천도시공사

3기 신도시 핵심 도시 파헤치기 – 부천 대장지구

부천 대장지구에는 총 2만 호가 입주된다. 서부권의 마곡지구, 2차로 발표된 인천 계양지구와 더불어 기업벨트를 형성할 예정이다. 기업 유치가 예정대로 된다면 마곡지구와도 근접해 좋은 시너지를 내겠지만 기업 유치가 원활하게 이루어지지 않는다면 인근에 있는 오정산업단지가 수요를 받쳐주기는 어렵다는 판단이다.

부천 대장지구가 인천 계양지구와 더불어 계획대로 잘 진행된다면 기업벨트 형성으로 일자리가 창출되어 인근의 기존 단지들은 큰 수혜를 볼 것이다. 단 거리가 먼 인근 신도시인 검단과 청라 등에는 부정적인 영향을 미칠 것이다. 그러나 아직 마곡지구의 기업들도 입주가 끝나지 않았다. 판교도 입주 마무리까지 시간이 꽤 남았다. 2008년부터 입주가 시작됐지만 2023년이 되어야 마무리가 될 듯하다. 여기에 하남 교산지구도 판교보다 더 큰 자족용지를 확보한 상태다.

수서역세권 개발에도 엄청난 일자리가 예정되어 있다. 자세한 내용은 34장 '부동산 양극화 시대에도 살아남을 서울 부동산은 어디일까'에 기술했으니 참고하기 바란다.

당신이 기업을 운영하는 대표라면 판교나 수서에 입주하겠는가, 하남 교산지구에 입주하겠는가, 인천 계양지구나 부천 대장지구에 입주하겠는가? 대부분은 판교나 수서 입주를 원할 것이다. 강남권에 사무실이 있고 없고는 기업의 신뢰 문제이니 말이다. 필자가 판교와 수서, 하남 교산지구를 제외하고는 일자리 유치가 쉽지 않을 것이라고 판단하는 근거다. 낮은 경제성장률로 인해 기업들은 설비 투자를 하지 않는다. 즉 일자리를 많이 만들지 않는다는 뜻이다. 일자리가 유치된다면 좋겠지만 일자리 유치에 많은 어려움이 있을 것이라 예상된다.

3기 신도시 핵심 도시 파헤치기 - 고양 창릉지구

고양 창릉지구는 3만 8천 호 규모이고, 상암 DMC와 가깝다. 용산까지 8정거장 거리로, 서울 접근성이 매우 뛰어나다. 그러나 연이은 시민들의 반발로 사업 진행이 어찌될지 미지수다.

고양 창릉지구가 공급되면 입지가 떨어지는 인근 구축 아파트 투자는 신중해야 한다. 그중 일산은 인근의 파주, 운정, 원흥, 지축, 삼송, 탄현 공공택지에 건너편 김포(한강)까지 지속적인 공급으로 시세가 분출되지 못한 지역이다. 그런데 이번 3기 신도시 고양 창릉지구의 규모는 4만 호 수준이다. 3기 신도시가 공급되면 인근 입지가 떨어지는 구축 아파트의 시세 분출은 어려울 것으로 판단된다.

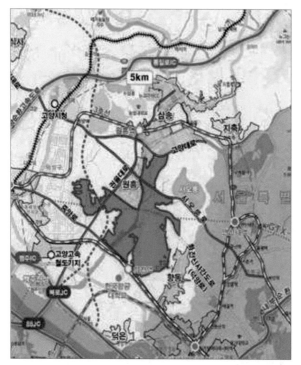

출처: 국토교통부

지금까지 3기 신도시의 흐름과 인근 지역에 미치는 영향을 알아보았다. 3기 신도시는 진행이 되느냐가 관건이다. 현재 수도권 4개 지역에서 주민들의 반대집회가 연이어 열리고 있다. 하남시청에서 계획한 하남 교산지구 주민설명회도 주민들의 반대로 무산되었고, 남양주 왕숙지구, 인천 계양지구 주민설명회도 무산되었다. 고양시는 현재 3차 집회까지 열렸다. 일산 주민들은 탄현동 공공택지에 창릉지구까지 공급한다고 하니 화가 날 만도 하다.

1기 신도시 초기까지만 해도 일산과 분당의 가격이 비슷했지만 지금은 2배 이상 차이가 난다. 현재 일산은 수도권 중에서 가장 저렴하다. 우리나라는 단임 대통령제라는 특성상 임기 안에 정책 노선을 편입시켜야 한다. 이를 모르는 바는 아니지만 무리한 신도시 공급은 경기 하방을 야기할 것이다. 정부가 이를 좌시할 리 없다.

얼마 전 부산이 규제 지역에서 편입 해제되었다. 부산 지역의 집값이 급등하자 정부는 규제 지역을 편입해 상승 기류를 꺾어놓는 데 성공했다. 하지만 부동산 가격이 떨어지니 부산의 내수시장이 죽기 시작했다. 이에 지자체는 부산을 규제 지역에서 해제해 달라는 청원을 했고, 부산은 결국 규제 지역에서 해제되었다. 부동산 가격이 겨우 3% 떨어졌는데 말이다. 이제 시사하는 바를 눈치챘는가? 선례가 있으므로 부동산 가격이 3% 떨어지면 규제 지역에서 해제해주어야 한다는 뜻이다.

이 장을 통해 3기 신도시의 흐름을 유추하고, 투자 방향을 어디로 잡아야 할지 가늠했을 것이다. 이미 잘못 판단을 내린 독자라면 3기 신도시 진행 상황을 꼭 체크하라. 내가 투자한 인근 지역에 3기 신도시가 들어선다면 입지가 떨어지는 구축 아파트는 매도하고, 신축으로 갈아탈 것을 권한다.

43

부동산 정책을 거꾸로 보면
투자의 정답이 보인다

휘몰아치는 규제 정책, 어떻게 대응해야 할까

현 정부 들어 열아홉 차례 부동산 정책이 발표되었다. 그만큼 부동산 가격이 출렁였다는 방증이다. 필자가 항상 주장하는 맥락적 사고와 유연한 사고로 이번 정책이 우리에게 주는 힌트를 살펴보자. 사고만 약간 바꾸면 꽤 많은 힌트를 얻을 수 있다.

집값을 잡겠다는 정부는 주거복지 로드맵에 이어 3기 신도시를 발표하더니 추가로 수도권 30만 호 공급 대책을 내놓았다. 이번에 새로 추가된 지역을 살펴보자.

당신이 국민의 주거 안정을 도모하는 고위 공무원이고, 부동산 공급 계획이 있어 집값이 안정될 거라는 내용의 보고서를 써야 한다고 가정하자. 12·16 부동산 대책으로 새로 지정되고 추가된 지역들 중 입지가 나쁜 곳을 먼저 작성하겠는가, 입지가 좋은 곳을 먼저 작성하겠는가? 국민들은 입지가 별로인 곳에 부동산을 공급한다는 보고서를 달가워하지 않을 것이다. 어떤 보고서든 자신이 잘한 것을 가장 먼저 쓰게 마련이다. 필자 역시 과거에 보고서를 작성할 때 그 현장에서 가장 중요한 이슈를 맨 처음에 기술했다. 별 내용이 없는 것은 빼거나 나중에 기술하면 된다. 이번 국토교통부 보고서에 새로 추가된 지역의 나열 순서를 눈여겨보자.

의왕 청계2지구

- **위치:** 경기도 의왕시 청계동, 포일동 일원

- **면적:** 264,918㎡(8만 평)

- **택지 조성:** LH(한국토지주택공사)

- **입지 특성**

  - 의왕시청에서 북측으로 약 5㎞, 서울시 경계에서 남쪽으로 약 7㎞ 거리에 위치해 있음

– 청계역(예정), 인덕원역이 인접해 대중교통 접근성이 양호하며, 서울외곽순환도로,

과천봉담간고속화도로, 안양판교로 등으로 접근이 용이해 서울, 판교 등 광역 접근

성이 매우 양호

첫 번째는 의왕 청계2지구다. 의왕시청에서 북측으로 약 5㎞, 서울시 경계에서 남쪽으로 약 7㎞ 거리에 위치해 있다. 청계역이 개통 예정이고, 서울외곽순환도로, 과천봉담간고속화도로, 안양판교로 등으로 인해 교통이 편리하며, 서울과 판교 등 광역 접근성이 매우 좋다. 인구가 적고, 의왕시 전체 면적의 84.6%가 개발제한구역인데, 이곳을 개발하겠다는 것이다. 위로는 과천, 동쪽으로는 분당과 용인 수지구와 접해 있고, 서쪽으로는 안양 군포, 남쪽으로는 수원 장안구와 접해 있는 지역으로, 과거 공급 부족으로 신축에 대한 수요가 많다.

성남 신촌지구

- **위치:** 경기도 성남시 수정구 신촌동 일원

- **면적:** 68,391㎡(2만 1천 평)

- **택지 조성:** LH(한국토지주택공사)

- **입지 특성**

  – 성남시청에서 북측으로 약 5㎞ 거리에 위치해 있으며, 서울시 강남구와 인접

– 수서역, 복정역이 인접해 대중교통 접근성이 양호하며, 대왕판교로, 헌릉로, 용인서

울고속도로, 분당내곡간도시고속화도로 등으로 접근이 용이해 수도권 광역 교통 접

근성이 매우 양호

두 번째는 성남 신촌지구다. 서울시 강남구와 인접해 있는 땅이다. 필자의 지인 중에 이곳에 건물을 가지고 계신 분이 있는데, 그저 부러울 따름이다. 수서역세권과도 가까우니 말 다했다. 앞서 언급했듯 수서역세권에는 38만 6,390㎡ 부지에 업무·유통·주거 시설을 갖춘 복합도시가 개발된다. 2021년 완공을 목표로 사업비 6,700억 원, 토지보상비 3,625억 원이 풀린다. 철도와 도로, 주차장, 복합 커뮤니티 시설 등이 들어설 예정이며, SRT 환승센터와 연구개발센터, 유통 시설, 주거 시설이 들어선다. 또한 교통의 요충지에 공공주택 2,530가구가 들어서며(지하철 3호선, 분당선, GTX, 수서광주선, 위례과천선 경유도 추진 중), 집값 상승에 큰 영향을 미치는 13만 평 규모의 업무 단지가 들어선다(판교테크노밸리 19만 평). 중요한 것은 판교와는 다르게 고밀도로 개발된다는 점이다. 수서역세권에만 약 8만 명이 근무하는 시설이 들어선다. 수서역세권이 개발되면 인접한 아파트에도 초대형 호재가 있을 것이다.

의정부 우정지구

출처: 국토교통부

- **위치:** 경기도 의정부시 녹양동 일원

- **면적:** 517,944㎡(15만 7천 평)

- **택지 조성:** LH(한국토지주택공사)

- **입지 특성**

  - 경기북부청사, 의정부시청, 양주시청에서 약 3㎞, 서울시 경계에서 북쪽으로 약 8㎞

    거리에 위치해 있음   .

—— 위기를 기회로 바꾸는 부의 공식

– 대상지 인근에 녹양역(지하철 1호선)과 의정부 경전철이 운행 중이며, 향후 GTX-C 노선 및 교외선이 운행될 예정. 지구와 인접해 국도 3호선, 국도 39호선, 국도 43호선 및 국지도 98호선, 지방도 380호선이 지나고 있어 광역 접근성이 매우 양호

세 번째는 의정부 우정지구다. 산 밑에 위치해 있는 숲세권역이다. 의정부 교통의 센세이션이 될 GTX-C노선과는 다소 거리가 있지만 버스로 10분 거리이기 때문에 사정권역이라 할 수 있다. 단 의정부에서도 다소 외곽 지역이라 선호도가 크게 높다고 할 수는 없다.

시흥 하중지구

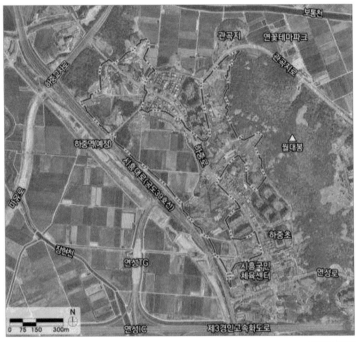

출처: 국토교통부

- **위치:** 경기도 의왕시 청계동, 포일동 일원

- **면적:** 462,312㎡(14만 평)

- **택지 조성:** LH(한국토지주택공사)

- **입지 특성**

  – 시흥시청에서 북측으로 약 2㎞ 거리에 위치해 있으며, 반경 6㎞ 내 매화일반산업단

—— 위기를 기회로 바꾸는 부의 공식

지, 광명시흥일반산업입지 등 입지

— 하중역(예정), 시흥시청역(신안산선, 월곶판교선)이 인접해 있어 도심 접근성이 양호

하며, 제3경인고속화도로, 시흥대로(국도 39호선) 등과 인접해 있어 광역 접근성이

매우 양호

네 번째는 시흥 하중지구다. 시흥시청에서 약 2㎞ 거리에 위치해 있고, 인근에 매화일반산업단지와 광명시흥일반산업단지가 있으며, 하중역이 개통 예정이다. 신안산선, 월곶판교선이 인접해 있지만 서울과 접근성이 떨어지고 고연봉 일자리가 아닌 산업단지들이 근처에 위치해 있어 전통적으로 부동산 강세 지역이라고 보기는 어렵다.

보고서에서 미래 투자의 힌트를 찾자

국토교통부에서 새롭게 발표한 4곳을 보니 어떤 생각이 드는가? 순서대로 좋은 입지라고 정확하게 말하긴 어렵지만 상위 2곳의 입지가 월등하다는 것이 느껴지는가? 부동산 투자를 할 때 입지 분석은 기본으로 선행되어야 하지만 보고서를 쓴 사람의 생각을 조금만 헤아린다면 보고서 자체에서도 많은 힌트를 얻을 수 있다.

■ 서울시 민간 택지 분양가상한제 적용 지역

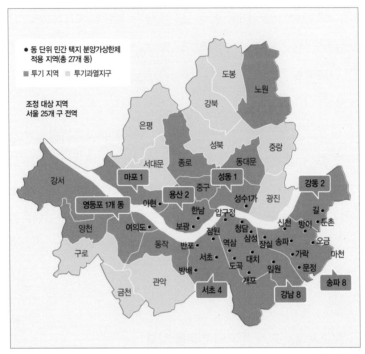

출처: 기획재정부

　12·16 부동산 대책에서는 집값 상승 주도 지역과 정비 사업 이슈 지역, 민간 택지 분양가상한제 적용 지역도 선정했다. 집값 상승 지역에 관심을 갖고, 재건축·재개발 투자는 정비 사업 이슈 지역에 관심을 갖고, 청약을 받으려면 민간 택지 분양가상한제 적용 지역에 관심을 가지라는 뜻과 동일하다. 12·16 부동산 대책은 우

　　　　　　　—— 위기를 기회로 바꾸는 부의 공식

리에게 많은 힌트를 주고 있다. 동전의 양면을 모두 볼 수 있는 맥락적 사고를 가진다면 정책을 거꾸로 보고 힌트를 얻을 수 있으며, 규제를 기회로 만들 수 있다.

5부

부자의 통찰

부자가
세상을 읽는
방법

정부보다 빨리 알아채는
부동산 경기 사이클

돈이 지나가는 곳을 알아야 부자가 될 수 있다

과거에는 물고기를 잡을 때 물고기의 이동 경로를 선장의 경험과 느낌, 즉 감에 의존하는 경우가 많았다. 이후에는 레이더를 활용해 물고기가 이동하는 경로를 찾았지만 물고기가 어느 지점에 많은지 포인트를 아는 것과 그물을 드리우는 시간을 미리 포착하는 것은 선장의 능력이었다. 즉 선장의 능력에 따라 만선 여부가 결정됐다. 그러나 이제는 기술의 발달로 바닷속에 있는 점액, 비늘, 배설물 등 환경 DNA를 이용해 물고기가 종류에 따라 어디에 분포하는지, 어디로 이동하는지 추적할 수 있게 되었다. 2018년 〈연합뉴스〉는 국립수산과학원 수산자원연구센터가 환경 DNA(eDNA) 분석법으로 청어 유전자를 찾는 데 성공했다고 보도했다.

환경 DNA 분석법은 살아 있는 물고기를 추적하는 것이 아닌, 인근에서 수집한 점액, 비늘, 배설물 등을 통해 유전체 염기서열을 분석해 해당 생물의 유전자와 동일한지 비교하는 방법이다. 물고기들이 바닷속에 남긴 흔적들을 통해 어디에 살고, 어디로 이동하는지 밝혀내는 매우 획기적인 기술이다. 선장의 경험과 감보다는 데이터로 물고기를 잡는 시대가 온 것이다.

그런데 갑자기 왜 난데없이 물고기 이야기를 하느냐고? 부자가 되기 위해서는 기본적인 경제 흐름 정도는 미리 파악하고 있어야 한다. 그래야 돈이 흐르는 길목을 유추하고 그곳에 그물을 칠 수 있다. 이번 장에서는 많이 알려지지는 않았지만 정확하면서도 연관성이 있는 지수들을 알아보도록 하겠다. 부자는 그물을 어디에 드리워야 고기가 잘 잡히는지 알고 있다.

경기 호황과 하락이 한눈에 보이는 신용카드 소비 패턴

앞서 많이 알려진 경제지표들에 대해 살펴보았다. 우리의 실생

활과 밀접한 관련이 있고, 필자가 생각하기에 매우 정확한 경기 흐름을 보여주는 것은 신용카드 소비 패턴을 분석해 경기를 예측하는 지표다. 국내의 한 카드회사가 1,200만 명의 가입자를 대상으로 10년 동안 조사했으니 신뢰할 만하다.

카드회사는 경기가 변동하기 전에 성별, 나이, 소득 수준에 따라 돈을 쓰는 곳이 달라지는 것을 확인했다. 이 조사 결과에 의하면, 가족을 부양하고 가장 많은 일을 하는 40대가 운동과 관련한 지출이 늘어나면 3개월 뒤에 경기가 좋아졌다. 이와 반대로 그들이 약국을 많이 방문하고, 건강 제품 지출이 늘면 3개월 뒤에 경기가 하락했다. 경기가 좋아질 때는 여유 시간을 가지고 평소 하지 않던 운동을 하는데, 여유가 없을 때는 약국에서 비타민을 사 먹는 것으로 만족하고, 경제적으로 힘들다보니 머리가 아파 약국에 자주 들른다는 것이다.

경기 호황 징후는 연령대별로 다르다. 청소년은 공연장과 놀이공원, 20대는 학원과 유흥 시설, 30대는 여행사, 40대는 운동 관련, 50대는 백화점 의류, 60대는 손주들을 위한 장난감, 자전거 구입 등의 지출이 늘어날 때 경기가 좋아졌다.

불황 징후도 연령대별로 다르다. 청소년은 보건소와 종교단체, 20대는 서적과 편의점, 제과점에서의 지출이 증가할 때 경기가 나빠졌다. 30대는 교통수단이 척도다. 40대는 약국과 건강 제품, 50

대는 동네 작은 소매점과 소규모 식당, 60대는 병원 지출이 증가할 때 경기가 나빠지는 것으로 나타났다. 이번 장을 자세히 읽으면 정부보다 빨리 경기가 좋아질지, 나빠질지 판단할 수 있으니 참고하기 바란다.

부동산 흐름을 파악하는 미분양지수

현장의 소비 패턴으로 경기를 예상하고 능력을 기를 수 있듯 부동산 흐름도 현장에서 일어나는 현상으로 분석이 가능하다. 부동산 시장 가격 흐름에도 일정한 패턴이 나타나기 때문이다. 신용카드 소비 패턴처럼 현장에서 일어나는 현상으로 상승장인지, 하락장인지 유추가 가능하다.

일단 부동산이 하락하는 여러 신호 중 가장 중요하게 체크해야 할 것은 미분양지수다. 건설사는 정부로부터 토지를 매입해 아파트를 건설한다. 분양이 끝나고 프리미엄이 붙기 시작하면 건설사들은 그동안 매입해두었던 토지에 아파트를 지어 분양하기 시작한다. 요즘 후분양 제도를 도입하느냐 마느냐가 화두인데, 이는 선분양의 단점 때문이다. 어찌 됐든 분양이 잘되고 프리미엄이 붙는다면 문제가 없지만, 어느 순간 미분양이 증가하기 시작하면 상황을 잘 살펴야 한다.

특히 입지가 좋은 곳임에도 미분양이 발생했을 때는 심각한 상황이다. 누가 보아도 A급 입지인데 청약 경쟁률이 저조하거나 미분양이 발생했다면 한동안 부동산은 암흑기를 맞게 될 가능성이 크다. 또한 주변에 공급이 없는데도 전세 매물이 쌓여 있거나 당해 지역에 수요 대비 초과되는 공급 물량이 줄줄이 대기하고 있다면 당분간 상승은 어렵다고 봐야 한다.

마지막으로, 기존에 지어진 구축 아파트의 거래량을 체크해보아야 한다. 아파트 성수기는 9~2월이다. 이 시기에 거래가 안 되고 매물이 쌓여 있다면 투자 수요와 내 집 마련 수요 모두 부족해졌다는 뜻이다. 정리하면 청약 경쟁률, 미분양지수, 기존 아파트 거래량, 향후 공급량을 체크하는 것으로 부동산 하락을 미리 예상할 수 있고, 이를 통해 매수와 매도 타이밍을 잡을 수 있다.

부동산 사이클을 파악하고 투자 타이밍을 잡아라

마지막으로 부동산 사이클을 짚어 보겠다. 이 부분을 잘 숙지하고 프롭테크를 활용한다면 부동산 하수에서 벗어날 수 있다. 일단 불황기에는 거래량이 줄고, 당연지사 미분양이 증가한다. 부동산이 저점을 찍고 상승하기 전에는 일단 미분양이 감소하기 시작한다. 거래가 조금씩 이루어지지만 아직 수요가 부족하기 때문에 가격에 탄력이 붙지 못한다. 2013~2014년 수도권 시장이 그랬다. 거래는 조금씩 있었지만 가격 상승은 없었다.

하지만 고수들은 이 시기를 놓치지 않는다. 이 시기에 부동산을 매입한 사람들은 대부분의 수도권 지역에서 상승을 경험했고, 필자도 마찬가지였다. 첫 번째 상승장의 트리거는 분양권이다. A급 입지는 물론이고 B급 입지에도 프리미엄이 붙기 시작한다. 분양권 시장이 과열되면 구축 아파트의 상승으로 이어진다. 분양시장이 과열되고 구축 아파트까지 오르면 다음은 재건축, 재개발 지분이 상승하기 시작한다. 분양받기 어려운 투자자나 내 집 마련 수요들이 조합원이 가지고 있는 입주권을 매수하는 것이다. 재개발보다는 재건축 선호도가 높다는 점을 알아두자. 조합원 입주권 가격이 오르면 그다음에는 선호도가 가장 떨어지는 대형 평형 아파트, 교통이 불편한 소규모 단지 아파트들도 오르기 시작한다. 여기까지 왔다면 부동산 시장이 고점을 찍었을 확률이 높으니 이때는 주의가 필요하다. 이 부분은 35장 '엑셀을 몰라도 할 수 있는 통계 분석'에서 설명한 부동산지인 사이트에서도 확인이 가능하다.

자, 이제 언제가 매수 타이밍이고, 언제가 매도 타이밍인지 감이 오는가? 기본적인 부동산 흐름만 알아도 우리는 매수·매도 타이밍을 잡는 고수가 될 수 있다. 매수 타이밍은 미분양이 소진되고 분양권에 프리미엄이 붙는 시기로 잡아도 좋고, 구축 아파트가 오르

——위기를 기회로 바꾸는 부의 공식

는 시기로 잡아도 좋다. 그렇다면 매도 타이밍은 언제가 적절할까? 수요가 부족한 대형 평형 아파트가 오르고, 선호도가 떨어지는 교통이 불편한 소규모 단지 아파트까지 올랐다면 그때가 적절한 매도 타이밍이다.

지금까지 경기가 언제 좋아지고 나빠지는지, 부동산을 언제 매수하고 매도해야 하는지 알아보았다. 이를 바탕으로 데이터를 축적하라. 매일 한두 시간 투자하는 것이 어렵다면 주말에 두세 시간만 투자해도 시장의 흐름이 눈에 보이는 신기한 경험을 하게 될 것이다. 마치 자신이 경제 전문가가 된 것처럼 말이다.

각 나라 구매 담당자는
경기를 예측하는 점쟁이

부자는 돈의 흐름을 알고 있다

부자가 되고 싶다면 경제 공부는 필수다. 자본주의 체제하에서 살고 있으면서 자본, 즉 돈에 대해 고민하지 않는 것은 직무 유기다. 비행기 이코노미석 탑승객은 스포츠 신문을 보지만 비즈니스석 탑승객은 경제 신문을 본다. 실제로 대한민국 대부분의 부자는 자수성가형이다.

누구나 부자가 되길 꿈꾼다. 하지만 돈에 대해 공부하고, 돈의 흐름을 파악하고, 그 길에 먼저 가서 기다리는 사람은 많지 않다.

——위기를 기회로 바꾸는 부의 공식

아주 단순한 경제지표 하나만 알아도 돈이 어디로 흘러갈지 예상할 수 있고, 그 길목에서 기다릴 수 있다면 어떻게 하겠는가?

경기를 예측하는 선행종합지수

경기를 선행하는 지수는 대개 6개월 이후 경기 흐름을 예상하는 지표로, 전월에 비해 지수가 올라가면 경기가 좋아질 것을 예상할 수 있고, 반대로 내려가면 경기가 나빠질 것을 예상할 수 있다. '선행종합지수'라고도 불리는 지수로는 재고순환지표, 소비자기대지수, 기계류내수출하지수(선박 제외), 건설수주액, 코스피지수, 수출입물가지수, 구인구직비율, 장단기금리차 등이 있다.

재고순환지표	기업이 소비자에게 판매하기 위해 시장으로 물건을 내보내는 출하 증가율(전년 동월비)과 판매하지 못하고 창고에 쌓아두는 재고 증가율(전년 동월비)의 차이를 보여주는 지표로, 산업별 체감 경기를 파악할 수 있다.
소비자기대지수	앞으로 6개월 후의 소비자 동향을 나타내는 지수다.
기계류내수출하지수 (선박 제외)	선박을 제외한 국내의 69개 설비용 기계류 수주액 지수다. 설비용 기계류는 제조업에서 상품을 만들어내는 기계다. 기계의 수주액이 높으면 경기가 좋아질 가능성이 크다.
건설수주액	통상적으로 건설회사가 수주한 공사량을 뜻한다. 건설수주액이 높다는 것은 앞으로 건설할 물량이 많아진다는 뜻이다. 건설수주액이 높아지면 향후 경기가 좋아질 가능성이 있다는 것을 의미한다.
코스피지수	보통 주가는 경기에 6개월 정도 선행한다. 코스피지수는 선행종합지수의 대표적인 개별 지표 중 하나다.

수출입물가지수	수출 1단위로 수입할 수 있는 수입량이다. 보통 수출 단가가 수입 단가보다 높아야 수출해서 남는 게 있다. 무역 조건이 좋아질수록 한국의 수출이 늘어나고, 앞으로 경기가 좋아질 가능성이 높은 것으로 받아들여진다.
구인구직비율	일자리를 찾는 구직자와 기업에서 직원을 구하는 비율이다.
장단기금리차	장단기금리차가 좁아지면 앞으로 경기가 좋지 않을 가능성이 크고, 차이가 커지면 앞으로 경기가 좋아질 것으로 전망한다.

이는 필자가 책을 통해 독자들에게 투자 방향을 일러주고 경제적 자유인이 되는 길을 안내하듯 경기 방향을 가늠케 하는 지수들이다. 그래서 절대적인 수치보다는 전년도 같은 달과 비교했을 때 얼마나 줄어들고 얼마나 증가했는지, 즉 증감률이 중요하다.

이 지수들을 종합해 100 이상이면 경기가 팽창할 것을 의미하고, 그 이하이면 경기가 하락할 것을 의미한다. 또한 100 이하에서 높아지면 경기가 침체의 늪에서 빠져나오고 있다는 것을 의미한다. 보통 5~6개월 이상 이 지수들이 꾸준히 하락하면 경기가 꺾일 가능성이 큰 것으로 해석한다.

■ 선행종합지수

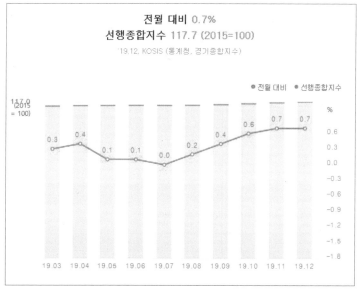

전월 대비 0.7%
선행종합지수 117.7 (2015=100)
'19.12, KOSIS (통계청, 경기종합지수)

● 전월 대비 ● 선행종합지수

출처: 통계청

제조업의 현황을 파악하는 구매관리자지수(PMI 지수)

잘 알려지지 않았지만 아주 쉽고 유용한 한 가지 경제지표만 잘
알아도 세계 경제를 한눈에 파악할 수 있다. 필자의 판단으로 그
어떤 경제지표보다 정확한 것은 제조업의 상승 모멘텀을 파악할
수 있는 구매관리자지수(Purchasing Managers Index), 즉 PMI지수다.
JP모건의 자료를 통해 더 자세히 알아보자.

다소 복잡해 보이지만 영어를 몰라도 색만 구분할 줄 알면 무척 쉽다. PMI지수는 미국구매관리자협회가 매달 각 나라 기업 구매 담당자에게 제조업 현황에 대한 설문을 실시해 신규 주문, 생산 및 출하 정도, 재고, 고용 상태 등을 조사하고, 각 항목에 가중치를 부여해 수치화한 것이다. 이 하나의 지표 안에 그 나라의 웬만한 경제 상황이 모두 담겨 있다 해도 과언이 아니다.

■ PMI지수

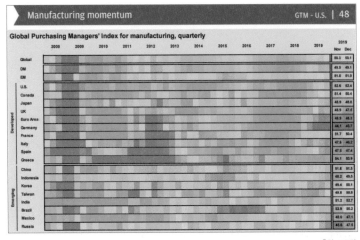

출처: JP모건

각각의 항목에 점수를 매기고 0~100 사이 수치를 매겨 점수화한 것이 PMI지수다. PMI가 50 이상이면 경기 확장을 의미하고, 50 미만이면 경기 수축을 의미한다. 우리나라는 2019년 7월 기준

47.3으로, 2013년 이후 최악이다. 색으로 분류하면 빨간색은 나쁨, 노란색은 보통, 초록색은 좋음을 의미한다. 결국 제조업 현황이 좋지 않음을 표시하는 빨간색은 그 나라의 경기가 좋지 않다는 방증이다. PMI지수가 얼마나 정확한지, 각 나라 구매 담당자들이 얼마나 예리한지 예를 들어보겠다.

그리스 금융위기를 예견한 PMI지수

2011년 그리스발 재정위기를 기억하는가? 덕분에(?) 우리나라 주가도 약 30% 하락을 경험했다. 이 사건에는 정말 많은 이야기가 숨겨져 있다. 당시 그리스는 유럽 화폐 통합을 위해 유로존에 가입해야 했지만, 재정 상태가 좋지 않았다. 자생력이 부족했던 그리스는 회계 장부를 거짓으로 꾸미는 분식회계를 통해 억지춘향으로 유로존에 가입했다. 유로존에 가입하니 화폐 가치는 당연지사 올랐고, 제조업 기반이 약했던 그리스는 관광 수입마저 줄어들었다.

그러나 선진국 코스프레가 필요했던 그리스는 벌이는 신통치 않았지만 국민들의 복지를 위해 많은 돈을 빌리기 시작했다. 또한 일자리를 만든다는 핑계로 국민의 약 20%를 공무원으로 고용했다. 그리스의 지하경제 규모는 총 GDP의 25% 정도, 즉 370억 달러 규모로 알려져 있다. 유럽 국가 중 단연 1등이다. 그리스는 부유층의 탈세와 공무원들의 만연된 모럴해저드(도덕적 해이) 때문에 위기를 맞은 것이다. 공무원의 수와 지하경제 규모가 비슷하다는 것은 무엇을 의미할까? 숙고해보기 바란다. 현재 우리나라도 2017년부터 2022년까지 6년간 18만 6천 명을 공무원으로 채용할 계획을 갖고 있다. 그리스와 정확히 일치하는 심각한 상황이다.

나랏일이 걱정이지만 어찌 됐든 그리스는 공무원 수를 2016년 67만 명으로 줄이고, 평균 임금도 2만 5,866유로에서 1만 6,018유로로 파격적으로 삭감했다. 또한 연금 수급 연령을 65세에서 67세로 늘리고, 연금수령액도 44%나 삭감해 8년 만에 구제금융의 늪에서 빠져나올 수 있었다(우리나라의 국민연금도 믿을 수 없다는 게 느껴지는가?).

이제 JP모건이 말하는 PMI지수를 살펴보자. 2008년부터 이 지표는 그리스 재정이 나빠질 것을 예견했다. 2011년 전후로 가장 위험한 빨간색을 유지하고 있는 것이 보이는가? 그러나 2019년에는 53.6의 좋은 수치를 보이고 있다. 최근 돈 냄새를 잘 맡기로 유명한 테슬라의 최고경영자 일론 머스크(Elon Musk)가 그리스 아테네에 연구개발센터를 만들겠다고 밝힌 바 있다. 이제 그리스는 구제금융을 졸업하고 글로벌 큰손들이 관심을 갖는 투자의 장이 된 것이다.

─── 위기를 기회로 바꾸는 부의 공식

이 지표를 각 나라 경제 상황에 대입해보면 결과는 더 소름이 돋을 정도다. 각 나라 구매 담당자들은 경기의 최고 일선에 있는 사람들이다. 쉽게 말하면, 다음 분기 경기를 예측해 물건을 얼마나 구매할지 판단하는 사람들이다. 다른 지표는 다 몰라도 PMI지수만큼은 꼭 알아두자. JP모건의 자료 하나만 가지고도 세계 경제 흐름을 한눈에 파악할 수 있고, 현재는 신흥국이 아닌 선진국에 투자해야 하고, 그중 미국과 캐나다가 가장 활황이라는 것을 알 수 있으니 말이다. 경기 전망을 직접적으로 보여주는 지표이기 때문에 PMI지수가 발표되는 날은 세계 각국의 주가도 크게 영향을 받는다.

결론적으로 우리나라의 PMI지수가 더 내려갈 경우, 심각한 경제위기가 올 수 있다. 제조업이 악화일로에 놓여 있으면 일자리 문제로 직결되고, 일자리를 잃은 중산층은 소비를 줄인다. 소비 능력이 약화되면 국내 서비스 산업과 내수경기마저 부진에 빠지게 되어 소득으로 인한 경제 효과는 점점 줄어들고, 자산 효과, 즉 투자를 통한 자산 증식에 더욱 집착하게 된다. 최근 젊은 대학생들까지 부동산에 관심을 갖고, 코로나19 사태 이후 개미들이 주식시장에 뛰어드는 것도 이러한 이유 때문이다.

제조업 경기가 나빠지면 서비스업과 과도한 경쟁을 하게 되고, 과도한 경쟁은 항상 출혈을 동반한다. 이는 경제 먹이사슬의 가장 하위에 위치한 생산자나 하청업자에게 큰 타격이 될 것이고, 그로 인해 부의 양극화는 더욱 심해질 수밖에 없다. PMI지수는 반드시 알아두어야 할 경제지표임을 기억하자.

장기채권보다 단기채권의 금리가 높아지면 어떤 일이 벌어질까

미래 경기를 예측하는 지표, 장단리금리차

미래 경기를 예측하는 지표 중 장단기금리차라는 것이 있다. 쉽게 설명하면 단기적금의 경우, 장기적금보다 이자가 낮은 것이 보통이다. 그러나 경기가 나빠질 것으로 예상되면 금융시장에서는 장기적금보다 단기적금의 이자가 높아지는 기이한 현상이 나타난다. 이러한 상황을 장단기금리가 역전되었다고 하고, 이는 장단기금리차라는 지표로 나타난다. 과거 데이터를 분석하면 장단기금리차가 축소되거나 역전된 이후 금융위기가 찾아온 것을 알 수 있다. 경기가 위축되거나 둔화될 조짐이 보이면 미래에 예상하는 금리가 현재 금리보다 낮아지기 때문이다.

장기금리는 현재 단기금리와 미래에 예상되는 금리, 기간의 프리미엄이 더해져 결정된다. 일반적으로 적금이나 채권 등 금융 상품을 장기간 보유하는 데서 발생하는 리스크, 즉 금리가 변동하는 등 위험에 대한 보상으로 단기금리보다 높게 책정된다.

미국 장단기금리차의 경우, 채권 만기에 따라 국채 10년-2년물, 10년-3개월물, 10년-연방기금금리 등 다양한 금리차를 이용하고 있다. 풍부한 유동성 때문에 10년-2년물을 가장 많이 사용하고 있으나 경기를 예측하는 목적으로는 10년-3개월물을 가장 많이 사용한다. 짧은 만기로 인해 변동성에 가장 예민한 지표이기 때문이다. 참고로 우리나라는 국고채(3년)-CD(91일) 또는 국고채(5년, 3년)-콜금리(익일)를 사용한다.

경기 침체의 전조증상, 장단기금리차 역전

왜 장단기금리차 역전이 경기 침체의 전조증상으로 받아들여지는 것일까? 1960년대 이후를 살펴보면 미국이 경험한 경기 침체 전에는 필연적으로 장단기금리차가 역전되었다. 장단기금리차가 역전되고 그 현상이 10일 이상 지속될 경우, 일정 기간(4~6분기)을 두고 경기 침체, 즉 금융위기가 발생했다. 금리 역전 현상이 나타나는 경우, 통상적으로 GDP도 함께 감소했다.

■ 1960년대 이후 미국의 장단기금리차(10년-3개월) 추이와 경기 침체

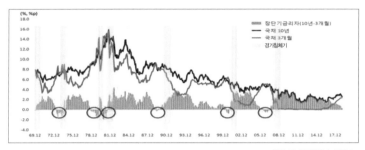

출처: 전미경제연구소, 블룸버그

■ 미국의 GDP 성장률

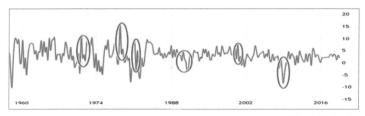

출처: 트레이딩 이코노믹스

장단기금리차가 역전되는 구간의 경제 상황을 살펴보면 정책금리를 인상하는 시점의 마지막에 경기 침체가 발생하는 것으로 나타났다.

■ 미국의 연방기금금리

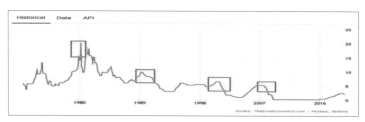

최근 미국 연방공개시장위원회 FOMC는 금리 인상에 무게를 두던 입장을 바꾸어 금리 인하를 시사했고, 그로 인해 경제위기설이 대두되었다. 10년물 채권금리보다 3개월물 채권금리가 더 높은 현상이 일어나고 있다. 2019년 3월, 12년 만에 미 국채 장기 10년물, 단기 3개월물의 금리가 역전되어 우리에게 공포를 주었다.

■ 미국 장단기 채권금리차

구분	2019년 3월 22일	3월 25일	3월 26일	3월 27일
미국채 (10년-3개월) 금리차	2.439% − 2.442% = 0.003%p	2.396% − 2.442% = 0.044%p	2.423% − 2.448% = 0.025%p	2.367% − 2.420% = 0.053%p

장기 10년-단기 5년물, 장기 10년-단기 3년물, 장기 10년-단기 2년물은 아직 역전되지 않았지만 최근 FRED의 자료를 보면 장단기 금리차는 이미 한차례 역전되었고, 장기는 회복되었다가 다시 역

──── 위기를 기회로 바꾸는 부의 공식

전되었음을 알 수 있다. 장기 10년-단기 1년물도 2019년 3월 한 차례 역전되었다.

미국은 서브프라임 사태 이후 경기를 살리기 위해 3차 양적 완화를 실시하며 미국 전체에 풀려 있는 돈보다 더 많은 돈을 찍어냈다. 미국 경기는 빠르게 회복했고, 세계 경제는 10년간 활황을 누렸다. 미국은 고삐 풀린 망아지처럼 풀린 돈을 흡수하기 위해 금리를 올렸지만 경제지표들이 나빠지니 다시 금리 인하를 말하고 있다. 연방기금금리 인하에 이어 제2차 오일쇼크, 유럽발 금융위기, IT 버블, 서브프라임 등이 발발했다. 현재 상황이 자꾸 과거에 대입되는 연유다.

장단기금리차 역전이 경기 침체를 동반한다는 것은 기정사실이다. 최근 미연준이 수차례 올리던 기준금리를 동결하고 금리 인하를 시사해 금융위기가 올 수 있다는 우려가 확산되고 있다. 미국과 유럽 지역의 경제지표들과 고도의 성장기를 지난 세계 각국의 글로벌 경기가 둔화되는 것도 일맥을 이룬다. 자, 그럼 지금부터 장단기금리차 역전이 가져온 여러 가지 사건을 살펴보자.

장단기금리차
역전이 가져온 위기들

과거에 비해 장단기금리차의 경기를 선행하는 정확도는 다소 약화되었지만 그럼에도 불구하고 역사적으로 장단기금리차 역전은 경제에 큰 충격을 주었다.

오일쇼크를 가져온 1970년대

1970년대 금리 역전은 제2차 오일쇼크를 야기했다. 대우증권에 따르면 1973년 10월 제1차 오일쇼크는 주가를 40% 이상, 1978년 12월 제2차 오일쇼크는 주가를 15.7% 떨어뜨렸다. 당시 물가

──위기를 기회로 바꾸는 부의 공식

는 18.3%에서 28.7%로 급등했고, 경제성장률은 떨어지고 실업률은 증가했다. 미국에게 빚을 얻어 산업화를 진행하던 멕시코, 대한민국, 폴란드는 그 덕분에 빚이 폭발적으로 증가했고, 세계 경제는 휘청거렸다. 미국은 달러를 흡수하기 위해 단기금리를 21%까지 끌어올렸다. 이러한 세계정세로 인해 고이율 정책을 펼친 것이 장단기금리차 역전의 이유였다.

■ **미국 장단기금리차 역전 시점**

출처: FRED

블랙먼데이를 가져온 1980년대

1980년대 금리 역전은 블랙먼데이(검은 월요일)를 일으켰다. 전 세계 자본시장의 중심인 뉴욕의 주가가 1987년 10월 19일 그날 하루 낙폭으로만 508포인트, 퍼센티지로는 전일 대비 22.6%가 내려 앉은 사건이다. 당시 미국 경제와 주식시장은 최고의 호황을 누리고 있었다. 블랙먼데이가 발발한 이유에 대해서는 의견이 분분하지만 달러 약세에 대한 우려에서 원인을 찾는 전문가들이 많다. 당시 월가에서는 외국인이 언제 이탈할지 모른다는 공포를 느끼고 있었다. 이때 앨런 그린스펀 연방준비제도이사회 의장은 중앙은행이 시중은행에 대출할 경우에 적용하는 대출금리인 재할인율을 5.5%에서 6.0%로 인상했고, 이는 장단기금리차 역전으로 이어졌다. 투자자들의 심리는 급속히 얼어붙었고, 급기야 미국은 블랙먼데이를 맞게 되었다.

IT 버블을 가져온 1990년대

1990년대 후반 금리 역전은 2000년대 초 IT 버블을 불러왔고, 미국 주가는 물론 우리나라 주가도 급락했다. 당시 전 세계 주식시장은 IT 혁명에 대한 기대감으로 엄청난 상승세를 기록했다. 이에 미 연준은 너무 과열된 상황을 진정시키기 위해 금리를 인상했고, 이때도 장단기금리차가 역전되었다. 당시 김대중 정부는 코스닥 등록 기업에게 법인세 50%를 감면해주고, 벤처기업 육성에 1조 원을 빌려주는 등 전폭적인 지원으로 1999년 한 해에만 1만 개의 벤처

—— 위기를 기회로 바꾸는 부의 공식

기업이 설립됐다. 이로 인해 1년 반 만에 코스닥지수는 5배 급등하며 버블을 양상했다. 이런 연유로 미국의 IT 버블이 우리나라에도 이어지게 된 것이다.

글로벌 금융위기를 가져온 2005년

2005년 12월에 역전된 금리는 사상 초유의 사태인 서브프라임과 리먼 브라더스 사태를 일으켰고, 이 여파로 우리나라의 코스피도 최저점인 892포인트까지 하락했다. 이 사건을 살펴보자. 경제 공부를 하면서 이 사건에 대해 잘 모른다는 것은 단팥빵을 먹으면서 팥은 먹지 않는 셈이다.

미국은 2004년 과열된 주택 경기를 잡기 위해 저금리 정책을 종료했다. 미국의 저소득층 주택담보대출 중 하나인 프라임 모기지론 금리가 올라갔고, 저소득층 대출자들은 원리금을 제대로 갚지 못했다. 증권이 부실화된 것이다. 그러나 이 위험천만한 시한폭탄 같은 부채는 잘 포장되어 세계 각국 은행에 엄청나게 팔려나갔다. 문제가 된 것은 파생 상품이었다. 모기지 상품의 파생 상품을 만들고, 그 파생 상품의 또 다른 파생 상품을 만들어 미국 정부도 파악이 안 될 정도로 팔려나간 것이다.

주택담보대출만 증권화가 되었다면 미국 정부도 손쉽게 해결할 수 있는 규모였지만 파생 상품들이 발목을 잡았다. 그 당시에는 투자의 귀재 워런 버핏도 판단력이 흐려졌나 보다. 그의 회사인 무디스도 이 위험한 상품에 AAA 등급을 주었고, 시장은 이 상품을 믿을 수밖에 없었다. 미국 정부와 무디스를 믿은 전 세계 금융기관들이 사들인 증권과 파생 상품은 서브프라임 모기지 사태를 야기했다. 이 사건으로 골드만삭스, 모건스탠리, 메릴린치의 뒤를 이은 금융회사이자 150년의 역사를 가진 리먼 브라더스는 한순간에 몰락했다. 저금리 정책을 끝낸 미국의 금리 인상은 장단기금리차 역전을 만들었고, 이후 우리는 두 번 다시 겪고 싶지 않은 무서운 금융위기를 맞게 되었다.

장단기금리차 역전이 반드시 금융위기를 의미하진 않는다

그렇다면 장단기금리차가 역전되면 반드시 금융위기가 찾아올까? 필자가 항상 주장하는 바이지만 부자는 맥락적 사고, 즉 유연한 사고를 가지고 있다. 다른 이면을 살펴보자. 2005년을 지나며 미연준으로부터 '장단기금리차 역전이 언제나 경기 침체를 의미하는 것은 아니다'라는 주장이 제기되었다. 절대금리가 점점 낮아지고, 과거처럼 물가가 급등하지 않았으며, 기간 프리미엄이 마이너스를 기록한 적이 있기 때문이다. 장단기금리차 역전은 새로운 경제 현상으로 받아들여져야 한다는 주장이다.

기간 프리미엄이란, 장기채권 보유자에게 해당 만기까지 금리 불확실성, 인플레이션에 대한 보상으로 추가로 지불하는 프리미엄 금리를 뜻한다. 긴 시간 동안 예상치 못한 인플레이션 상승으로 미 연준이 긴축 정책을 할 수 있다는 투자자들의 우려를 보상하기 위해 장기 투자를 하는 투자자들에게 이자를 더 주어 기간 프리미엄은 항상 플러스 값을 유지했다. 그러나 지금은 기간 프리미엄이 계속해서 줄어 마이너스를 기록하는 상황도 발생하고 있다.

■ 미국 국채 기간 프리미엄

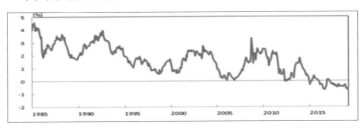

출처: 뉴욕연방준비은행

최근 FOMC의 자료를 살펴보면 미국의 장기 정책금리는 2.8%로, 3%를 넘지 않는다. 세계적인 고령화로 인해 보험과 연금의 장기채권 수요가 증가하고 있다. 수요가 증가하는 만큼 장기채권에 추가로 지급하는 이자가 하향 조정되고 있다. 또한 OECD 회원국의 양적 완화 등으로 금리는 더 낮아져 기간 프리미엄이 마이너스로 형성되어 장단기금리차가 역전될 수 있다는 주장이다. 상당히 설득력이 있다.

이번에 금융위기가 오지 않더라도 언젠가는 올 것이다. 그것은 중국발이 될 수도 있고, 인도나 터키, 이탈리아발이 될 수도 있다. 우리나라 코스피도 1980년대 이후 블랙먼데이, IMF, 서브프라임, 9·11 테러, IT 버블, 그리스발 재정위기 등 수많은 금융위기를 겪으며 급격한 등락을 겪어왔다. 맞물려 돌아가는 세계 경제와 무역 시스템이 유지되는 한, 우리는 살아가는 동안 금융위기를 수없이 겪게 될 것이다. 장단기금리차는 위기를 미리 예상하는 지표 중 하나일 뿐이다.

이 책을 정독했다면 다가올 위기를 대비할 수 있고, 경제지표를 통해 흐름을 유추해 돈이 지나가는 길목에 그물을 칠 수 있다. 부자들은 각종 경제지표를 잘 활용해 위기 상황에서도 큰 부를 쌓는다. 부자의 통찰은 누구나 공부하면 알 수 있는 경제지표와 함께한다는 것을 잊지 말자.

지금까지 자산 증식의 두 수단인 부동산 투자와 금융 투자에 대해 그리고 경제 흐름과 부동산 사이클을 모두 섭렵하고 호황과 불황에 상관없이 부를 축적하는 방법에 대해 공부했다. 이 책을 통해 많은 독자가 경제적 자유로 한 걸음 다가가길 기원한다.

──위기를 기회로 바꾸는 부의 공식